John Pisanos
JAZZGITARREN-COMPING
MASTERCLASS

Bringe deine Rhythmusgitarre auf das nächste Level und entdecke die Akkord-Comping-Lines eines wahren Jazz-Virtuosen

JOHN**PISANO**

Mit Tim Pettingale

FUNDAMENTAL**CHANGES**

John Pisanos Jazzgitarren Comping Masterclass

Bringe deine Rhythmusgitarre auf das nächste Level und entdecke die Akkord-Comping-Lines eines wahren Jazz-Virtuosen

ISBN: 978-1-78933-366-4

Veröffentlicht von **www.fundamental-changes.com**

Urheberrecht © 2021 John Pisano

Mit Tim Pettingale

Übersetzt von Daniel Friedrich für translatebooks.com

www.fundamental-changes.com

Inhalt

Einführung

Mein Hintergrund

Meine erste Erinnerung an den Klang der Gitarre war die Erkennungsmelodie einer Radiosendung namens *Blondie* aus dem Jahr 1939. Die Titelmelodie wurde von einem Streichquartett gespielt, aber es gab ein Gitarrenbreak mit einem Solo. Ich saß jede Woche mit dem Ohr am Radio auf dem Boden und wartete darauf, dieses Gitarrensolo zu hören. Später fand ich heraus, dass George Van Eps es geschrieben hatte.

Meine erste bewusste Erinnerung an ein Gefühl von *Rhythmus* war ein paar Jahre später, als ich Carmen Miranda und José Carioca und seine „Bando Carioca" hörte. Er spielte das Cavaquinho (ein portugiesisches Saiteninstrument, das einer kleinen klassischen Gitarre ähnelt). Mein Vater spielte auch Gitarre und sein Bruder Banjo, und sie spielten alle gängigen Standards, so dass ich mit dem Klang der Gitarre in meinen Ohren aufwuchs. Ich war davon fasziniert, lange bevor ich daran dachte, selbst das Instrument zu spielen.

Meine erste Lehrerin war Frau Cora Fellows, eine Lehrerin für „Bundinstrumente", im Jahr 1944. Von all den Dingen, die sie mir beibrachte, ist der Ratschlag, an den ich mich bis heute erinnere, der: „Lass das Plektrum die Arbeit machen!" Sie wollte, dass ich lernte, mich zu entspannen und das Plektrum nicht zu fest zu drücken, was Verspannungen erzeugen würde. Sie war eine wunderbare Lehrerin.

Während meines Studiums bei Mrs. Fellows entdeckte ich Django Reinhardt. Ich verbrachte viele Stunden damit, mir seine Musik anzuhören, nach dem Gehör zu arbeiten, zu analysieren, was er tat, und einige seiner Soli auswendig zu lernen. Schon bald nannten mich meine Freunde „Django"! Was ich von ihm lernte, war ein Verständnis für Rhythmus, Dynamik, Phrasierung und melodischen Gehalt. Er war sowohl ein großer Komponist als auch ein Genie auf der Gitarre.

Mein nächster wichtiger Lehrer war Chuck Wayne. Es war ungefähr zu der Zeit, als Charlie Parker und der Bebop die Jazzwelt eroberten, und Chuck spielte mit Charlie, George Shearing und vielen anderen in der Szene. Beeinflusst von Charlie gilt Chuck als der erste Spieler, der den Bebop auf die Gitarre übertrug. Chuck hatte ein Vier-Noten-System für Akkord-Voicings, was ich sehr nützlich fand, und er führte mich in die Technik ein, die er „back picking" nannte, was bedeutet, dass man in beiden Richtungen über die Saiten sweept. Chuck hatte einen bedeutenden Einfluss auf mich, und die Leute sagten mir oft, ich würde wie er klingen.

1951 trat ich in die US Air Force ein und spielte vier Jahre lang in der Air Force Band in Washington, D.C. Zu dieser Zeit lebte der Gitarrist Charlie Byrd in D.C. Er war ein Schüler von Andrés Segovia, und ich dachte, das sei eine gute Gelegenheit für mich, klassische Gitarre zu studieren, also nahm ich eine Zeit lang Unterricht bei Charlie. Er half mir, meine Fingerstyle-Zupftechnik zu verbessern.

Ich erinnere mich, dass ich 1953 ein Album mit Bud Shank und Laurindo Almeida kaufte. Dadurch lernte ich die brasilianische Musik und ihre Rhythmen kennen, und ich wurde geübt im Spielen dieser Musik. Das zahlte sich aus, denn später arbeitete ich mit Sergio Mendes und anderen brasilianischen Künstlern wie Dori Caymmi, Toninho Horta und Ivan Lins und nahm Musik mit ihnen auf.

1954, als ich noch bei der Air Force war, lernte ich den Gitarristen Johnny Smith kennen, der in der Stadt auftrat. Wir trafen uns einige Male und wurden Freunde, und Johnny mochte meine eigenen Kompositionen sehr. Johnny lehrte mich, immer langsam zu üben, mit einem sauberen, gleichmäßigen Ton. Er bestand darauf, dass ich nie etwas schnell üben sollte - obwohl er selbst für seine erstaunliche Gitarrentechnik bekannt war. Es lohnt sich, an dieser Weisheit festzuhalten. Wenn man nicht lernt, etwas langsam und sauber zu spielen, wird man es am Ende nur schlecht und schneller spielen.

1956 war ich aus dem Dienst ausgeschieden und zurück nach New York gezogen. Ich schrieb mich an der Manhattan School of Music ein, aber bevor ich den Kurs begann, flog ich nach Los Angeles, um dem Chico Hamilton Quintet beizutreten und Jim Hall zu ersetzen. Ich blieb bei Chico bis 1958. In jenem Jahr kam der Gitarrist Billy Bean nach Los Angeles, und wir nahmen zwei Alben mit Gitarrenduos für Decca auf: *Take Your Pick* und *Makin' It*. Jahre später wurden diese Aufnahmen wiederbelebt und auf dem Album String Jazz in Großbritannien veröffentlicht. Billy hatte einen großen Einfluss auf mich.

Ich lernte Lenny Breau 1960 kennen und wir spielten oft zusammen und tauschten viele Ideen aus. Lenny war ein Gitarrengenie. Da ich immer noch mehr lernen wollte, schrieb ich mich 1962 am Los Angeles City College ein, um Harmonie und Komposition bei Leonard Stein zu studieren, und während dieser Zeit studierte ich auch klassische Gitarre bei Celendonio Romero. Ich lernte auch George Van Eps kennen, bei dem ich Privatunterricht nahm, und wir entwickelten eine tiefe Freundschaft. George hat mir sehr geholfen, ebenso wie Gitarrengrößen wie Bob Bain und Al Viola. Zwei weitere wichtige Einflüsse in dieser Zeit waren Peggy Lee und Herb Alpert.

Ein Jahr später, 1963, lernte ich Joe Pass kennen. Zu dieser Zeit war er in der Genesungsanstalt Synanon in Santa Monica, Kalifornien. Ich besuchte ihn dort mehrmals und spielte später auf seinem Album *For Django*. Wir wurden enge Freunde und machten viele Aufnahmen und Konzertreisen zusammen.

Ein weiterer Name muss erwähnt werden... Ich traf Ted Greene (Autor des berühmten Buches *Chord Chemistry*) zum ersten Mal 1986, und er wurde ein guter Freund. Ich studierte mit Ted bis etwa 2005, weil sein Wissen über die Gitarre so umfangreich war, und ich fühlte mich privilegiert, einen Einblick zu erhalten.

All diese Menschen haben mein musikalisches Leben sehr bereichert, und ich werde ihnen immer sehr dankbar sein.

Wie man dieses Buch benutzt

So wie Jazzgitarristen verschiedene melodische Linien über eine Reihe von Akkorden „hören" und dann spielen, höre ich verschiedene *harmonische Bewegungen* in der Akkordfolge. Mein Ziel ist es immer, eine solide Grundlage für den Solisten zu schaffen, aber auch Interesse, Licht und Schatten hinzuzufügen, den Rhythmus im Fluss zu halten und das Publikum zu begeistern. Musik ist eine fließende Angelegenheit, und ein Großteil des Reizes des Jazz entsteht durch die spontane Interaktion der Musiker. Jazz ist keine Rede - er ist eine musikalische Unterhaltung.

Um das, was wir auf der Gitarre sagen wollen, zu vermitteln, müssen wir jedoch die Sprache gut beherrschen. Wenn wir eine neue Sprache lernen, beginnen wir in der Regel mit einigen nützlichen Phrasen, die uns helfen, bestimmte Situationen zu meistern. In diesem Buch möchte ich dir eine Sammlung von „Akkordphrasen" an die Hand geben, die in einer Vielzahl von Situationen wirklich gut funktionieren. Du kannst sie als eigenständige Phrasen lernen, aber sie sollten auch ein Sprungbrett für deine eigenen Erkundungen und deine eigene Kreativität sein.

Jazzimprovisation ist eine Sache, die im gegenwärtigen Moment entsteht, und Theorie ist das Letzte, worüber wir auf der Bühne nachdenken. Oft spielen wir etwas, weil wir zufällig einen Sound finden, der uns gefällt, und machen uns dann später Gedanken über die Theorie. Das ist gut so! Aus diesem Grund habe ich die Theorie auf ein Minimum beschränkt - hier geht es mehr darum, die Sprache des Jazzgitarren-Compings zu erlernen - aber ich werde dir zeigen, wie du diese Ideen unterwegs für dich selbst entwickeln kannst.

Gitarristen bleiben oft in einem Trott stecken, daher hoffe ich, dass du hier einige Ideen findest, an die du vielleicht noch nicht gedacht hast. Es sind bewährte melodische Bewegungen, die *einfach funktionieren*.

Neben einer Sammlung nützlicher kürzerer Linien über gängige Akkordfolgen gibt es hier auch mehrere längere Etüden, in denen ich mehrere Chorusse bekannter Jazzstandards spiele. Wann immer du eine neue Idee entdeckst, ist es wichtig, sie sofort auf bekannte Stücke anzuwenden. Auf diese Weise nimmst du sie viel schneller in dein Spiel auf und sie wird zu einem Teil deines Akkordvokabulars.

Ich hoffe, dass dir dieses Buch gefällt und dass es dein Spiel bereichern wird.

Viel Spaß!

John Pisano,

August 2021

Hol dir das Audio

Die Audiodateien zu diesem Buch kannst du kostenlos von **www.fundamental-changes.com** herunterladen. Der Link befindet sich in der oberen rechten Ecke. Wähle einfach diesen Buchtitel aus dem Dropdown-Menü aus und folge den Anweisungen, um die Audiodateien zu erhalten.

Wir empfehlen dir, die Dateien direkt auf deinen Computer (nicht auf dein Tablet) herunterzuladen und sie dort zu extrahieren, bevor du sie zu deiner Mediathek hinzufügst. Du kannst sie dann auf dein Tablet oder deinen iPod laden oder auf CD brennen. Auf der Download-Seite gibt es ein Hilfe-PDF und wir bieten auch technische Unterstützung über das Kontaktformular.

Kapitel Eins: Strategien zur Erstellung von Comping-Bewegungen

Von Tim Pettingale

John Pisanos Reise zum Erlernen von Akkordbewegungen begann mit seinem Gitarrenlehrer Chuck Wayne. Chuck hatte sein eigenes, einzigartiges Spielsystem entwickelt, das die „Lagerfeuer"-Akkorde, die die meisten von uns lernten, als wir das erste Mal zur Gitarre griffen, zugunsten eines eher pianistischen Ansatzes abschaffte. Einer der großen Vorteile seines Systems bestand darin, dass es Akkordvoicings über den Hals hinweg abbildete und so viele Optionen für die Erstellung von Comping-Bewegungen bot.

Nach dem Studium bei Chuck und der Lektüre von Büchern wie George Van Eps' *Harmonic Mechanisms* entwickelte John seinen Stil, indem er so viel Musik wie möglich aufsaugte und die Dinge, die ihm gefielen, aufnahm und anwendete. Inspiriert wurde er durch die Imitation der harmonischen Bewegungen anderer Gitarristen und Pianisten, aber auch von Orchesterarrangeuren wie dem Meister Gil Evans.

Im Laufe der Jahre hat John mit vielen Größen der Jazzgitarre gespielt und wurde von Spielern wie Johnny Smith, Joe Pass, Jim Hall, Tal Farlow und später Lenny Breau und Ed Bickert beeinflusst - die alle ihre eigenen Strategien für das Spielen von Akkordpassagen hatten. John griff von jedem von ihnen unterschiedliche Ideen auf, und diese Einflüsse führten dazu, dass er seine eigene, einzigartige Stimme auf dem Instrument entwickelte.

In diesem Buch gibt John einige seiner Lieblingsbewegungen und -methoden für Akkordwechsel weiter, die sich von der Routine abheben. Bevor wir dazu kommen, müssen wir jedoch eine Grundlage schaffen, auf der du *deine eigenen* Comping-Fähigkeiten aufbauen kannst. In diesem Kapitel werden wir einige der Ideen, die John verwendet, aufschlüsseln, damit du sehen kannst, wie du diese Ideen selbst anwenden kannst. Betrachte diesen Abschnitt als eine Art Leitfaden, der dir helfen soll, einige der Konzepte, die John verwendet, zu verstehen und zu erforschen, bevor wir ab Kapitel zwei seine eigentlichen akkordischen Ansätze lernen.

Was ist Comping?

Viele Gitarristen halten Rhythmusspiel und Comping für ein und dasselbe, aber eigentlich sind es zwei verschiedene Dinge. Rhythmus bedeutet, ein sich wiederholendes Muster mit verschiedenen Akzenten zu spielen. Comping ist die Kunst, harmonische und rhythmische Phrasen so zu kombinieren, dass sie einen Solisten ergänzen und inspirieren.

Beim Comping spielt der Gitarrist so genannte „Akkordphrasen", die mehr mit einer Art von Arrangement einer Big Band gemein haben, das auf die Gitarre übertragen wird. Wie der Sound einer Big Band kann das Gitarren-Comping Walking Basslines, Gegenmelodien, Teilakkorde und gegebenenfalls Einzelnoten-Passagen enthalten.

Um deine Comping-Technik zu entwickeln, musst du an zwei wesentlichen Fähigkeiten arbeiten, die dir helfen, das Griffbrett zu beherrschen und dein Comping-Vokabular zu erweitern.

1. Die Fähigkeit, Akkorde zu verzieren.

2. Die Fähigkeit, Akkord-Voicings über den gesamten Hals zu spielen.

Auf den nächsten Seiten werden wir verschiedene Möglichkeiten erkunden, Akkorde zu verzieren und ihnen Bewegung und Richtung zu geben.

Akkorde verzieren

Einen Akkord zu verzieren bedeutet einfach, ihn durch *Bewegung* zu verbessern. Diese Bewegung kann erzeugt werden durch...

- Verschieben eines oder mehrerer Töne des Akkords nach oben oder unten

- Kombination mit anderen Akkordformen aus derselben übergeordneten Skala

- Eine Kombination von beidem

Schauen wir uns an, wie dieses Konzept mit nur einem Akkord funktioniert.

Stell dir vor, du hast vier Takte G-Dur zu spielen und willst dir etwas Interessantes einfallen lassen. Wenn du John beim Comping zuhörst, wirst du oft hören, wie er viele Akkordformen durchspielt, obwohl nur *ein Akkord* auf dem Leadsheet steht. Hier ist eine Methode, um diese verschiedenen Formen zu erzeugen.

Schau dir zunächst diese gängige Gmaj7-Akkordform in der dritten Position an.

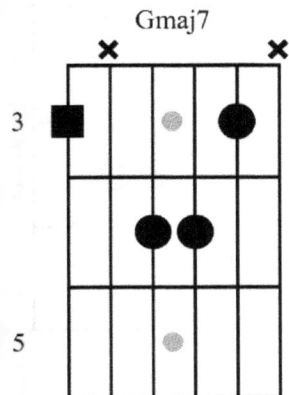

Diesen Akkord würdest du normalerweise spielen, wenn du Gmaj7 auf einem Leadsheet siehst. Um Möglichkeiten für die Erstellung von „Akkordphrasen" zu eröffnen, können wir die übergeordnete Skala dieses Akkords, G-Dur, als Quelle verwenden.

John neigt dazu, mehr in *Tonleitern* als in *Akkorden* zu denken, und ein großer Teil seiner Comping-Magie kommt daher, dass er die Intervalle einer Tonleiter auf verschiedenen Saiten kennt und in der Lage ist, Akkordvoicings auf jeder Note aufzubauen.

Die G-Dur-Tonleiter enthält die Noten G, A, B, C, D, E, F#.

Wir können einfache Akkordstrukturen auf jeder dieser Noten aufbauen, um die Tonleiter *zu harmonisieren*. Das bedeutet, dass wir Intervalle von einer Terz (jede zweite Note) über einen Grundton legen.

Der obige Gmaj7-Akkord besteht also aus G (Grundton), B (3), D (5) und F# (7).

Um einen Finger frei zu haben, der Verzierungsnoten hinzufügen kann, können wir die Quinte (5) weglassen und eine dreistimmige Intonation spielen, die nur den Grundton (G), die Terz (3, B) und die Septime (7, F#) enthält.

Wenn wir auf *jeder* Note der G-Dur-Tonleiter ähnliche Grundton-, Terz- und Sept-Voicings aufbauen, ergeben sich die folgenden Formen. Spiele sie nacheinander und du wirst die G-Dur-Tonleiter in Akkordform hören.

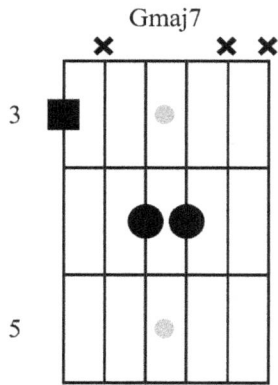

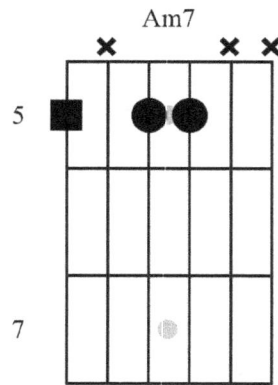

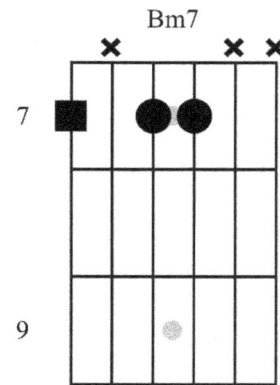

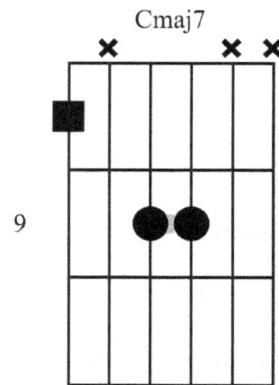

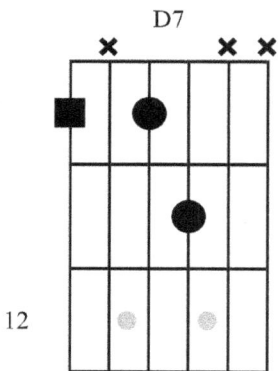

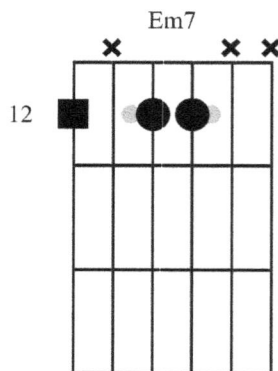

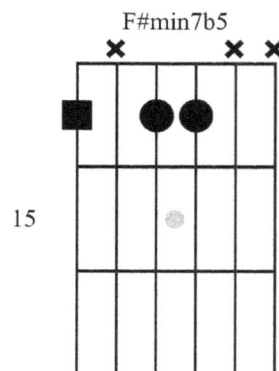

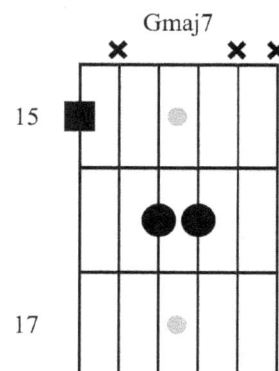

Diese Formen sind unser Ausgangspunkt für die Erstellung eines Comping-Vokabulars.

Die Art und Weise, wie wir die Formen greifen, ist wichtig, wenn es darum geht, sie zu verzieren. Instinktiv wirst du vielleicht mit den Fingern 1, 2 und 3 spielen wollen, wobei der erste Finger den Grundton greift.

Stattdessen solltest du mit dem zweiten Finger auf dem Grundton und den Fingern drei und vier auf den mittleren Saiten greifen. Das mag sich zunächst seltsam anfühlen, aber es macht den ersten Finger frei, mit dem wir später Verzierungen hinzufügen werden.

Spielen diese G-Dur-Akkorde mit dem obigen Fingersatz durch.

Beispiel 1a

Alle diese Formen drücken den *Klang* von G-Dur aus. Wenn wir also mehrere Takte G-Dur auf einem Leadsheet sehen, können wir verschiedene Kombinationen der Formen verwenden, um für Bewegung zu sorgen. Obwohl es sich technisch gesehen um verschiedene, individuelle Akkorde handelt, passen sie alle zur Harmonie, da sie nur Noten der G-Dur-Tonleiter verwenden.

Beispiel 1b zeigt ein einfaches Rhythmusmuster mit diesen Formen. Ich habe die Akkordnamen in diesem Beispiel weggelassen, weil ich möchte, dass du dich auf den G-Dur „Klang" konzentrierst, den sie erzeugen.

Du solltest erkennen, dass es sich ein wenig wie eine Walking Bassline in G-Dur anhört, nur eben mit Akkorden und nicht mit einzelnen Noten ausgeführt.

Beispiel 1b

Gehen wir noch einen Schritt weiter und beginnen wir, diese Formen mit anderen Noten der G-Dur-Tonleiter zu verzieren. Die folgenden Übungen zeigen, wie man das macht. Das sind noch keine ausgefeilten Akkordphrasen, aber sie helfen dir, deine Finger zu trainieren und zeigen dir das Potential dieser Spielweise.

Beispiel 1c zeigt, wie das Verschieben nur einer Note auf der D-Saite in jeder Form eine einfache harmonische Bewegung erzeugen kann. Plötzlich hat das, was vier Takte lang auf einem einzigen G-Dur-Akkord hätte tuckern können, Richtung und Interesse.

Greife die Akkorde mit den Fingern 2, 3 und 4 und füge die Verzierungsnoten mit dem ersten Finger hinzu.

Beispiel 1c

Wir können *jeder* der drei Noten in diesen Formen eine Bewegung hinzufügen. Das folgende Beispiel fügt Bewegung auf der G-Saite hinzu.

Beispiel 1d

Um die Sache musikalischer zu gestalten, können wir Noten aus der G-Dur-Tonleiter *über* und *unter* den Akkordformen hinzufügen. Spiele Beispiel 1e durch. Jetzt klingt die Progression weniger wie eine Übung und mehr wie eine Etüde.

Beispiel 1e

Gmaj7   Am7   Bm7   Cmaj7   D7   Em7

```
T  --4--5--2--4--5--7--4--5--  --7--9--5--7--9--11--7--9--  --11--12--9--11--12--14--11--12--
A  --4--------5------------    --7--------9------------     --10------------12------------
B  --3--------5------------    --7--------8------------     --10------------12------------
```

F#m7♭5   Gmaj7

```
T  --14--16--12--14--16--
A  --14------------16----
B  --14------------15----
```

Wir kratzen hier nur an der Oberfläche. Die vorherigen Beispiele haben einige mögliche Bewegungen gezeigt, aber bisher haben wir nur dreistimmige Akkorde mit einem Grundton auf der tiefen E-Saite verwendet.

Wir können diese Formen auf anderen Saitensätzen anordnen, um neue Variationen dieser Idee zu eröffnen. Die folgende Reihe von Diagrammen zeigt die harmonisierten G-Dur-Akkorde, die auf den D-, G- und B-Saiten angeordnet sind.

Gmaj7   Am7   Bm7   Cmaj7

D7   **Em7**   **F#min7b5**   **Gmaj7**

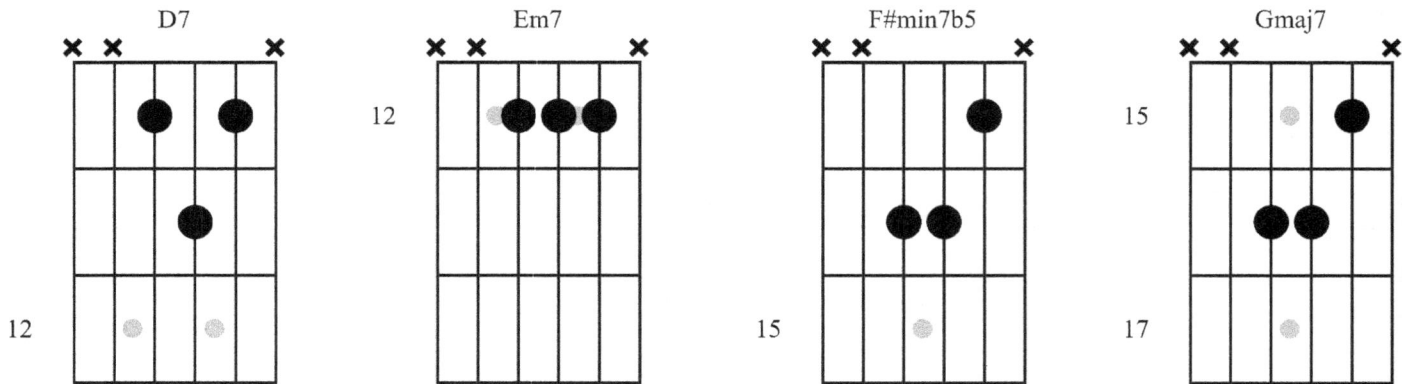

Wir können diesen neuen Satz von Formen auf die gleiche Weise wie zuvor verwenden und mit Hilfe der G-Dur-Tonleiter Verzierungen hinzufügen. Hier ist ein Beispiel für eine Akkordphrase, bei der die Noten auf der B-Saite einen Tonleiterschritt über jedem Akkordton liegen.

Beispiel 1f

Gmaj7

Lass mich an dieser Stelle eine neue Idee einführen...

Du musst *nicht immer* Tonleitertöne verwenden, um eine Akkordphrase zu verschönern - du kannst auch chromatische Durchgangsnoten verwenden (d. h. Noten, die nicht zur übergeordneten Tonleiter gehören).

Eine chromatische Durchgangsnote ist eine Note außerhalb der Tonart, die zu etwas hinführt, normalerweise zu einem anderen Akkord- oder Skalenton. Im Jazz werden Akkord-/Tonleitertöne oft auf dem starken Downbeat und Durchgangsnoten auf dem Offbeat gespielt.

Hier ist eine Akkordphrase, bei der zu jedem Akkordton auf der B-Saite ein Skalenton höher und ein Halbton tiefer hinzugefügt wird. In den Takten 1-3 sind die Noten, die einen Halbtonschritt tiefer liegen, allesamt Durchgangsnoten, die nicht zur G-Dur-Tonleiter gehören. Trotzdem können wir den *Klang* von G-Dur hören, weil sich die Durchgangsnoten schnell zu einem Akkordton auflösen. Höre dir an, wie diese Idee klingt.

Beispiel 1g

Bisher haben wir diese Formen in der Reihenfolge gespielt, in der sie in der harmonisierten Tonleiter auftauchen, aber wenn du dich mit ihnen vertraut gemacht hast, kannst du sie mischen, um weniger vorhersehbare Akkordphrasen zu erzeugen. Hier sind einige Beispiele.

Beispiel 1h

Beispiel 1i

Diese Phrase greift auf beide Akkordformen zurück.

Beispiel 1j

Die Möglichkeiten, mit dieser Idee Comping-Phrasen zu erstellen, sind enorm. Bislang haben wir sechzehn einfache dreistimmige Voicings erstellt, mit denen wir Comping-Phrasen über mehrere Takte Gmaj7 spielen können. Wir könnten diese Voicings aber auch auf den hohen Saiten arrangieren, um acht weitere Möglichkeiten zu schaffen.

Der gesamte Prozess kann für Moll- und Dominantakkorde wiederholt werden. Wenn du bereit bist, dir die Mühe zu machen, hast du unendlich viele Möglichkeiten, Akkorde in sinnvollen Sequenzen miteinander zu verbinden, indem du diese Idee weiterverfolgst. Die einzige Grenze ist deine Vorstellungskraft. So übst du diese Idee:

- Spiele die obigen harmonisierten Akkordformen durch, bis sie zur zweiten Natur werden und du leicht zwischen ihnen wechseln kannst.

- Erarbeite die G-Dur-Formen auf der G-, B- und hohen E-Saite und erfinde ein paar eigene Akkordphrasen.

- Höre dir so viel Musik wie möglich von den Meistergitarristen des Jazz an. Je mehr Musik du aufnimmst, desto mehr wirst du diese Ideen in deinem Kopf hören.

Eine andere Art, G-Dur zu harmonisieren

Ich möchte dir eine nützliche Variante der obigen Idee zeigen, die John häufig in seinem Spiel verwendet.

Sie basiert auf demselben Prinzip, aber jetzt werden wir die G-Dur-Tonleiter in Vier-Ton-Formen harmonisieren. Allerdings lassen wir die 7 weg und verwenden den Grundton, die 3, die 5 und die **6**.

Die Sexte (6) ist ein nützlicher Sound beim Jazzgitarren-Comping, da sie in der Regel einen stabilen Klang über der Harmonie erzeugt und die Akkorde leicht über Saitensätze hinweg arrangiert werden können.

Um die G-Dur-Tonleiter in Sechstel-Akkorden zu harmonisieren, bauen wir die Vier-Ton-Struktur auf jedem Akkord auf.

Der erste Akkord, G6, wird mit den Noten G (Grundton), B (3), D (5) und E (6) gebildet.

Um den nächsten Akkord in der Sequenz zu bilden, beginne auf der A-Note und behandle sie als Grundton (d. h. den I-Akkord). Dann fügen wir die Noten C (3), E (5) und F# (6) hinzu, um einen Am6-Akkord zu bilden.

Gehe nun zur B-Note und behandle sie als Grundton usw.

Die folgende Tabelle zeigt die vollständige G-Dur-Tonleiter, die mit Sextakkorden harmonisiert ist.

Skalenton	G	A	B	C	D	E	F#
Akkord	G6	Am6	Bmb6	C6	D6	Emb6	F#dim(b6)
	G B D E	A C E F#	B D F# G	C E G A	D F# A B	E G B C	F# A C D

Es gibt zwei nützliche Gruppen von Formen, die wir zum Spielen dieser Sextakkorde verwenden können. Die erste hat Grundtöne auf der tiefen E-Saite und würde folgende Voicings verwenden, wenn du einen voll klingenden „four to the bar" Rhythmus mit Bewegung und harmonischem Interesse spielen möchtest.

Spiele sie nacheinander durch und höre, wie sie klingen.

Hier ein Beispiel dafür, wie du diese Formen verwenden könntest, um mehrere Takte G-Dur zu spielen.

Beispiel 1k

Wir können diese Formen auf andere Saitensätze übertragen. Diesmal ordnen wir sie so an, dass sich der Grundton auf der hohen E-Saite befindet. Beachte, dass die Akkordformen im Wesentlichen die gleichen sind wie die des vorherigen Satzes, wir haben nur den Grundton von der tiefen E- auf die hohe E-Saite verlagert.

Diese relativ einfache Idee hat eine Reihe neuer Möglichkeiten für die Erstellung von Comping-Mustern eröffnet. Wir haben Akkordformen, die wir über den gesamten Bereich des Halses spielen können, und wir können ihnen auch Verzierungsnoten hinzufügen.

Hier sind einige Beispiele dafür, wie du sie anwenden kannst.

Beispiel 1l

Beispiel 1m

Beispiel 1n

Spielen von Akkord-Voicings über dem gesamten Griffbrett

Wir haben uns verschiedene Möglichkeiten angeschaut, wie man einen einzelnen Akkord mit seiner übergeordneten Tonleiter als Quelle verzieren kann, aber das ist nicht das einzige Werkzeug, das Jazzgitarristen beim Comping verwenden. Es ist auch nützlich, unsere Akkordkenntnisse so zu erweitern, dass wir Umkehrungen desselben Akkords überall auf dem Hals spielen können.

Wenn ein Pianist auf die Klaviatur schaut, sieht er Akkorde nicht als feste Positionen, die jedes Mal auf die gleiche Weise gespielt werden. Vielmehr ist ein Akkord nur eine Reihe von Noten, die sich linear über die gesamte Tastatur erstrecken und auf viele Arten gespielt werden können. Gitarristen betrachten das Griffbrett selten auf die gleiche Weise, aber die Ergebnisse können spektakulär sein, wenn sie es tun.

Als John das Spielen lernte, hatte sein Lehrer Chuck Wayne einen eher pianistischen Ansatz für das Gitarrenspiel entwickelt, der speziell auf das Spielen von Jazz zugeschnitten war. Im Folgenden findest du einen kurzen Überblick über sein System, mit dem du Akkordvoicings auf dem gesamten Griffbrett erzeugen kannst.

Der Gedanke, der hinter diesem System steckt, ist, dass eine Akkord-„Form", wenn wir sie in eine andere Tonart transponieren, nicht immer denselben *Klang* hat. Mit anderen Worten, sie schwingt aufgrund der physischen Konstruktion der Gitarre anders.

Einige Voicings klingen in bestimmten Tonarten großartig, in anderen jedoch nicht. Dieses System basiert jedoch auf Voicings im pianistischen Stil auf der Gitarre, die unabhängig von der Tonart die gleiche Klangqualität haben. Alle Akkord-Voicings sind vierstimmige Formen, so dass jeder Akkord auf vier Arten ausgedrückt werden kann (als Umkehrungen mit jeder Note als tiefste).

Es gibt verschiedene Möglichkeiten, diese Akkorde zu arrangieren:

•   Auf benachbarten Saiten.

•   Mit der tiefsten Note auf einer Saite, Überspringen einer Saite, dann Anordnen der drei oberen Noten auf benachbarten Saiten.

•   Mit den beiden tiefsten Noten auf benachbarten Saiten, dann Auslassen einer Saite, dann die beiden höchsten Noten auf benachbarten Saiten.

Diese Methode eignet sich hervorragend, um viele Möglichkeiten zu finden, einen Akkord in allen Bereichen des Halses zu spielen.

Unten habe ich die „offenen Voicings" (alle Noten liegen auf benachbarten Saiten) von Cmaj7 dargestellt, unterteilt in *tief*, *mittel* und *hoch*.

Wie du siehst, gibt es bei dieser Methode 12 verschiedene Möglichkeiten, Cmaj7 zu spielen, und wir verwenden nur *eine* der drei Konstruktionsmethoden.

Cmaj7 hat die Noten C (Grundton), E (3), G (5) und B (7).

In den folgenden Voicings werden nur diese vier Noten verwendet, keine Note wird verdoppelt. Die Akkorde sind von unten nach oben auf dem Hals angeordnet, so dass du sie nacheinander spielen kannst.

Die schwierige Dehnung, die erforderlich ist, um Cmaj7/E im mittleren Satz zu spielen, ist einfacher, wenn du mit dem ersten Finger am 5. Bund greifst.

Vierstimmige Voicings im Stil von Chuck Wayne

Tiefer Satz

Cmaj7/G   Cmaj7/B   Cmaj7   Cmaj7/E

Mittlerer Satz

Cmaj7   Cmaj7/E   Cmaj7/G   Cmaj7/B

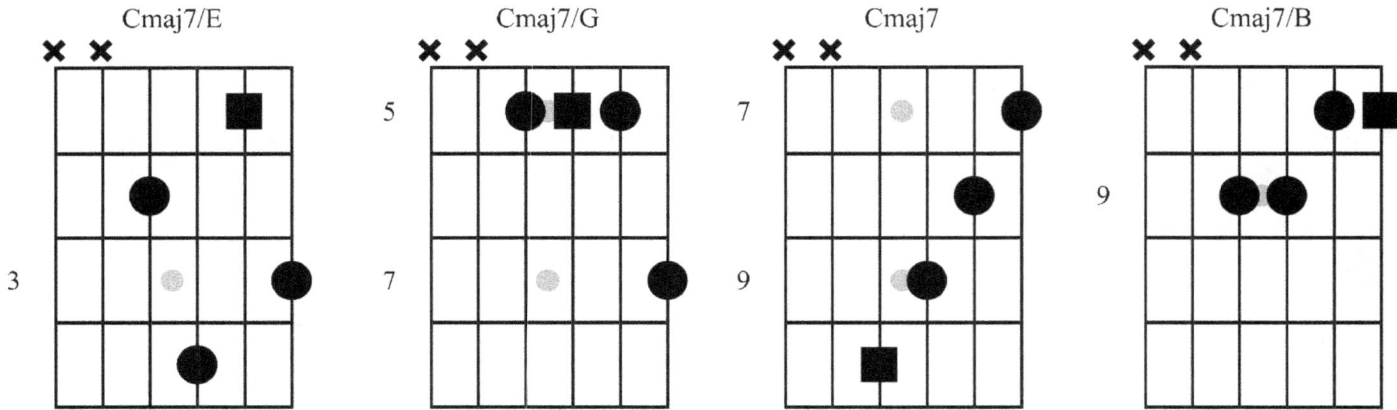

Dies ist nur eine Möglichkeit, Akkord-Voicings über den Hals zu erzeugen. Es gibt natürlich auch andere etablierte Systeme und es ist immer gut, verschiedene Ansätze zu erforschen, aber dieses System wurde von einem Jazzgitarristen für andere Gitarristen entwickelt.

Dein langfristiges Ziel sollte es sein, die Ideen der Verzierung von Akkorden durch Bewegung mit der Verwendung mehrerer Voicings desselben Akkords zu kombinieren, um Comping-Phrasen zu schaffen.

Fundamental Changes hat einige großartige Ressourcen veröffentlicht, die bei dieser Aufgabe helfen, einschließlich **Jazzgitarre Akkorde meistern** und **Akkord-Kreativität für Jazzgitarre**.

Verminderte Verbindungsakkorde

Zum Abschluss dieses Kapitels möchte ich dir noch ein weiteres Werkzeug an die Hand geben, das du bei der Erstellung von Comping-Lines verwenden kannst. Du wirst sehen, dass diese Idee in Johns Spiel häufig auftaucht.

Wir haben gesehen, dass es möglich ist, viele Umkehrungen von Akkorden zu erzeugen, um auf dem Griffbrett zu navigieren, aber manchmal brauchen wir noch eine Möglichkeit, Akkorde zu verbinden, um eine Lücke zwischen Voicings zu füllen. Ein nützliches Werkzeug dafür ist der verminderte/halbverminderte Akkord.

Verminderte Akkorde haben einen dissonanten Klang, der sich unbedingt zu einen „Stammakkord" auflösen will. Diese Eigenschaft können wir beim Comping zu unserem Vorteil nutzen.

Nimm den folgenden einfachen Ablauf:

Fmaj7 - Gm - Fmaj7 - Dm7

Diese Progression hat nicht viel Bewegung oder harmonisches Interesse, aber wir können verminderte Formen als Verbindungsakkorde verwenden, um Bewegung zwischen den ursprünglichen Akkorden zu schaffen.

Im ersten Takt von Beispiel 1o verbindet ein F#dim7-Akkord Fmaj7 und Gm7. Er füllt nicht nur die Lücke, sondern erzeugt auch eine aufsteigende chromatische Bassnotenbewegung.

Am Ende des ersten Taktes können wir den chromatischen Bassaufstieg fortsetzen und einen G#dim7 verwenden, um uns dem F-Akkord zu nähern (mit seiner 3 im Bass gegriffen). In ähnlicher Weise kann der Dm7-Akkord in Takt drei von einem Halbtonschritt tiefer mit C#dim7 angegangen werden.

Durch die Hinzufügung einiger einzelner Durchgangsnoten erhält eine möglicherweise recht langweilige Sequenz nun Bewegung und Richtung.

Beispiel 1o

Hier ist eine Möglichkeit, Umkehrungen eines verminderten Akkords zu verwenden, um Akkorde zu verbinden. Die Umkehrung eines Akkords bedeutet einfach, dass man dieselbe Auswahl von Noten mit einer anderen Bassnote spielt. Verminderte Akkorde können auf dem Griffbrett verschoben werden und *kehren* sich selbst um, indem man die gleiche Form in kleinen Terzintervallen nach oben verschiebt (im Abstand von drei Bünden).

Das bedeutet, dass C#dim7, Edim7, Gdim7 und A#dim7 alle Umkehrungen voneinander sind - sie enthalten alle die gleichen Noten, haben aber eine andere Bassnote.

Die ursprüngliche Akkordfolge unten hätte einfach Gm7 - Dm7 lauten können, aber dieses Beispiel nutzt die Idee, dass C#dim7 sich zu Dm7 auflösen will, und fügt Umkehrungen von C#dim7 hinzu, um zwischen Gm7 und Dm7 zu wechseln.

Hör dir an, wie diese Idee klingt.

Beispiel 1p

So wie wir zuvor Akkordformen auf den Noten der Durtonleiter aufgebaut haben, können wir das Gleiche auf jeder Molltonleiter tun. Außerdem können wir einige verminderte Formen in den Mix bringen. Wenn ich zum Beispiel zwei Takte eines statischen F-Moll-Akkords auf einem Leadsheet sehe, könnte ich etwa so etwas spielen:

Beispiel 1q

Hier habe ich die Töne der harmonischen Molltonleiter in F auf der hohen E-Saite verwendet und auf jedem Ton der Skala ein Akkord-Voicing aufgebaut. Diese Art von Idee kann über lange Takte eines einzelnen Akkords oder bei modalen Jazz-Stücken verwendet werden (z. B. über die vier Takte von Fm7, die Herbie Hancocks *Cantaloupe Island* eröffnen).

Aus Platzgründen kann diese Idee hier nicht weiter vertieft werden, aber denke an das Prinzip, dass du einen verminderten/halbverminderten Akkord auf die gleiche Weise verwenden kannst, wie du eine Annäherungsnote beim Spielen einer Bebop-Sololinie verwenden würdest. Du willst dich immer zu einem Ziel auflösen.

In diesem Kapitel sind viele Ideen enthalten, die eine eingehendere Untersuchung verdienen.

Wir haben uns mit der Theorie und den Prinzipien der Verzierung von Akkorden zur Erstellung von Comping-Mustern beschäftigt.

Wir haben uns auch eine Methode angesehen, um das Griffbrett zu öffnen und auf eine pianistischere Art und Weise über Akkordvoicings nachzudenken.

Versuche, einige dieser Ideen in deinen Übungsstunden durchzuarbeiten, aber verzettele dich nicht zu sehr in der Theorie. In den folgenden Kapiteln werfen wir einen praktischen Blick auf die Ideen, die John spielt, und er möchte, dass du einfach die Ideen, die dir gefallen, in dein musikalisches Vokabular aufnimmst und in deinem Comping verwendest. Du kannst später herausfinden, warum sie funktionieren.

Die folgenden Beispiele zeigen die besten Akkordphrasen eines Meisters und basieren auf einigen der häufigsten Akkordfolgen im Jazz. Du lernst auch Johns Ansatz zum Spielen einiger der größten Jazz-Standards aller Zeiten kennen, und du kannst diese während deiner Übungsstunden studieren.

Behandle dieses Buch wie ein Phrasenbuch und lerne die Sprache des Jazzgitarren-Compings zu sprechen.

Viel Spaß!

Kapitel Zwei: Dur ii V I-Bewegungen

In diesem Kapitel möchte ich dir einige meiner Lieblings-Voicings für die häufigste Akkordfolge im Jazz zeigen - die Dur ii V I.

Die Dur ii V I – Progression kommt in praktisch jedem Stück des Jazzrepertoires vor und wenn du viele Möglichkeiten lernst, sie zu spielen, hast du Vokabular für jeden Jazzstandard, den du spielen möchtest.

Die ersten Beispiele stehen in der Tonart C-Dur, d.h. sie beziehen sich auf die zugrunde liegende Progression:

Dm7 (ii) - G7 (V) Cmaj7 (I)

Diese spezielle ii V I kommt mehrmals in *Fly Me To The Moon* vor. Später, in Kapitel drei, wirst du ein komplettes Comping-Arrangement dieses Stücks lernen, aber zuerst wollen wir ein ii V I-Workout machen und einige kreative Optionen erkunden, die du für diese wichtige Sequenz verwenden kannst.

Viele Jazzer sehen die Akkorde ii und V als gleichwertig an - tatsächlich kann man den ii-Akkord als einfache „Auflösung" des V-Akkords betrachten. Beide Akkorde dienen dazu, die Harmonie zum Ausgangsakkord (Akkord I) zu führen. Natürlich ist der stärkste Klang der ii-V-I-Progression die Bewegung vom V zum I. In gewissem Sinne ist die ii einfach dazu da, das V vorzubereiten, und wird eigentlich oft ignoriert.

Da Dominantakkorde leicht alteriert oder erweitert werden können, wird der ii-Akkord oft durch eine angereicherte Variante des V-Akkordes ersetzt.

In Beispiel 2a wird der ii-Akkord (Dm7) weggelassen und durch einen erweiterten G7 (G13) ersetzt, der im zweiten Takt zum ursprünglichen alterierten V-Akkord übergeht, bevor er im dritten Takt zum I-Akkord (Cmaj7) auflöst.

Beispiel 2a

Die Bewegung von V nach I könnte auch so gespielt werden, mit ein wenig mehr Bewegung und farbigeren Voicings.

Beispiel 2b

Anstatt den V-Akkord zu variieren, kann man sich auch darauf konzentrieren, den ii-Akkord zu verzieren. Beide Ansätze sind berechtigt, da ii und V einen ähnlichen Klang erzeugen.

Die Idee hinter Beispiel 2c ist, viele kleine Voicings um ein tonales Zentrum in D-Moll zu spielen, bevor man zu G7 übergeht. Du wirst sehen, dass ich mir bei dieser Idee ein paar harmonische Freiheiten genommen habe.

Im ersten Takt habe ich einen verminderten Verbindungsakkord verwendet und einen chromatischen Annäherungsakkord (Dbm7) einen Halbtonschritt tiefer hinzugefügt, um einen zusätzlichen Schritt in der Sequenz zu erzeugen.

Du wirst auch das kleine Dominantakkord-Voicing von D7sus4 bemerken. Obwohl er hier technisch korrekt benannt ist, verziere ich eigentlich nur einen normalen Dm7-Akkord. Greife die Dm7-Akkordform im 5. Bund und spiele dann die Note im 8. Bund auf der B-Saite mit dem kleinen Finger. Damit bist du in der Lage, die folgende Dm7-Form zu spielen.

Im dritten Takt erzeugt der G7#9-Akkord einen spannungsreichen Klang, der den Drang zur Auflösung zu Cmaj7 verstärkt.

Beispiel 2c

Oft basieren meine Akkordphrasen auf melodischen Linien, die ich mir ausdenke, und wenn ich eine Akkordphrase spiele, habe ich meist eine einfache Melodie im Kopf. Die Aufgabe besteht dann darin, unter diese Melodie Akkord-Voicings zu bauen, bei denen die Melodie oben liegt. Hier zahlt sich die harte Arbeit des ersten Kapitels aus, und du wirst sehen, dass alle diese Ansätze hier zum Einsatz kommen, um mir zu den benötigten Melodienoten zu verhelfen.

Vergleiche die ersten beiden Takte der Beispiele 2c und 2d und spiele jeweils die obere Melodielinie, die auf den hohen Saiten liegt. Du wirst hören, dass die Melodie fast identisch ist, aber in Beispiel 2d habe ich andere Akkorde verwendet, um sie zu harmonisieren. Du wirst hören, dass die beiden Ideen einen völlig unterschiedlichen Effekt erzeugen.

Beispiel 2d

Takt 1: C6add9 — C#dim — Dsus4 — Dm7 | Takt 2: (Fortsetzung) — Dm9 — D7sus4

```
C6add9   C#dim   Dsus4   Dm7                      Dm9    D7sus4
T|--3----------5---------8------6-------5-------5-----8------12----10----15--|
A|--2----------3---------5--------------4-------6-----6------10----------13--|
 |--2----------5---------7-----------------------------------10----14-------|
B|--3----------4---------5-----------------5----7-----------10----------12--|
```

Takt 3: Dm9 — Dm6/B — Dm6 — Db9(b5) | Takt 4: Cmaj9

```
Dm9    Dm6/B    Dm6     Db9(b5)     Cmaj9
T|--12-----10--------10--------8--------5--|
A|--10-----10--------10--------8--------7--|
 |--10-----10--------9---------9--------9--|
B|--10------9--------9---------9--------8--|
         ---------8---------8---------
```

Um an der Entwicklung ähnlicher Ideen zu arbeiten, versuche, eine Melodie über eine ii V I in C-Dur zu schreiben, wobei für jeden Akkord ein Takt vorgesehen ist. Spiele die Melodienoten nur auf der B- und der hohen E-Saite.

Versuche zunächst, diese Noten zu kleinen Akkordformen zu harmonisieren. Schaue dir die C-Dur-Voicings von Chuck Wayne an, wenn du nicht weiterkommst, und versuche, einige Akkord-Voicings zu finden, deren Klang dir gefällt.

Arbeite dann daran, für jeden Akkord in der Progression mehrere Akkord-Voicings zu finden.

Kombiniere nun diese beiden Ideen und versuche, einige Akkordphrasenbewegungen zu kreieren, die die von dir erfundene Melodie ergänzen.

Tipp: Mache die Melodie zu Beginn nicht zu komplex, sondern halte sie einfach!

Für die nächsten beiden Beispiele wechseln wir zu einer ii V I (Am7 D7 GMaj7) in der Tonart G-Dur.

In Beispiel 2e spielst du zunächst die oberste Note jedes Voicings in der Progression, um die Melodie zu hören, die mir vorschwebt.

Spiele nun die Akkorde in Takt eins durch und achte darauf, wie die Bewegung erzeugt wird. Der Hauptakkord ist A-Moll. Die Noten auf der G- und B-Saite bleiben während des gesamten Taktes gleich. Während die Noten auf der hohen E-Saite für die Melodie sorgen, fallen die Noten auf der D-Saite chromatisch ab.

Erinnere dich daran, dass die zugrundeliegende Progression Am7 - D7 - Gmaj7 ist. Sieh dir jetzt Takt zwei an und schaue, wie ich den D7-Abschnitt interpretiert habe.

Angesichts der Melodienote auf der B-Saite hätte ich auch die Standard-Hendrix-Akkordform D7#9 spielen können, aber ich wollte etwas Farbigeres, also entschied ich mich für diesen ungewöhnlichen D7#5#9-Akkord, der mit der C-Note im Bass gegriffen wird.

Die folgenden Ab-Dominant-Akkorde sind b5-Substitutionen für D7 (Ab ist ein b5- oder Tritonus-Intervall von D7 entfernt). Dies ist eine gebräuchliche Bewegung, die chromatisch perfekt nach G-Dur führt (eine weiteres ungewöhnliches Voicing, diesmal ein Gmaj13).

Beispiel 2e

Manchmal möchte ich beim Comping eher Bewegung im Bass haben, anstatt Akkorde um eine Topline-Melodie aufzubauen.

In Beispiel 2f wollte ich eine starke absteigende Basslinie schaffen, die sich auf den I-Akkord (Gmaj7) zubewegt. Ich habe die Progression hier ein wenig verändert. Zunächst habe ich die ii - V- Akkordbewegung in einen Takt „komprimiert" und in den zweiten Takt verschoben. Ich benutze Takt eins, um mich dem Am7-Akkord chromatisch von oben zu nähern. Obwohl dies eine ziemliche Abweichung vom ursprünglichen Am7 - D7 - Gmaj7 ist, kann man die allgemeine Absicht der Akkordphrase hören - es steuert alles auf Gmaj7 zu.

Beispiel 2f

Wenn du eine Akkordbewegung findest, die dir wirklich gefällt, experimentiere damit, indem du sie in andere Tonarten transponierst. Jede Tonart hat ihre eigene Klangfarbe, und manche Ideen lassen sich besser umsetzen als andere, je nach den verwendeten Akkordvoicings. Wir können auch die Einzigartigkeit jeder Tonart zu unserem Vorteil nutzen und schöne Bewegungen entdecken, die wir speziell für diese Tonart spielen können.

Für die verbleibenden Beispiele in diesem Kapitel wechseln wir zur Tonart F-Dur, wobei die ii V I-Akkorde Gm7 C7 und FMaj7 sind.

Wir beginnen mit einer minimalistischen ii V I – Bewegung. Mit dieser Art von Linie solltest du experimentieren, um deine eigenen Ideen zu entwickeln. Wir haben Voicings, die eng beieinander liegen und können einfache Einzelnoten verwenden, um sie zu einer sinnvollen Phrase zu verbinden.

Beispiel 2g

Hier ist eine Linie, die schwieriger zu spielen ist, als sie auf dem Papier erscheint und aufsteigende Noten der F-Dur-Tonleiter verwendet, um die melodische Linie zu bilden. Sie wird im 3/4-Takt gespielt, aber die 1/8-Noten im ersten Takt werden gerade gespielt.

Hör dir dieses Beispiel an und du wirst es verstehen.

Beispiel 2h

Als Nächstes folgt eine weitere Akkordphrase, die von einer Topline-Melodie angetrieben wird. Diese akkordische Idee hat ein Bossa-Nova-Gefühl und ist das Art von Material, das ich über das ii V I - Segment von *The Girl from Ipanema* spielen könnte.

Beispiel 2i

Hier ist eine komplexere Idee, die um eine Topline-Melodie herum aufgebaut ist. Sie ist typisch für die Art von Linie, die ich spielen würde, wenn ich etwas Dekorativeres über *The Girl from Ipanema* wollte.

Beispiel 2j

Hier ist eine weitere Idee für eine aufsteigende Linie, die du über dieselbe Akkordfolge verwenden kannst.

Beispiel 2k

Hier ist eine ähnliche aufsteigende Idee, aber dieses Mal wird jede Note harmonisiert. Die Idee war dieses Mal, viele Voicings des ii-Akkords zu verwenden und den V-Akkord bis kurz vor dem I-Akkord zu ignorieren.

Beispiel 2l

In diesem letzten Dur - ii V I-Beispiel beginne ich die Akkordphrase mit einem D7-Klang im Auftakt, der als V-Akkord fungiert und nach G-Moll führt. Diese Linie enthält auch einen verminderten Verbindungsakkord, um eine der Melodienoten zu harmonisieren.

Beispiel 2m

Ich hoffe, dieses Kapitel hat dir gezeigt, dass es möglich ist, aus einem routinemäßig klingenden ii V I eine viel interessantere Akkordphrase zu machen.

Im nächsten Kapitel werden wir viele dieser Major ii V I-Ideen in einem Studienstück des bekannten Standards *Fly Me to the Moon* umsetzen.

Kapitel Drei: Studienstück (basierend auf *Fly Me to the Moon*)

Wenn du neue Ideen lernst, ist es wichtig, sie sofort im Kontext von echter Musik zu spielen. Wenn du sie auf ein Stück anwendest, das du gut kennst, ist es viel einfacher, die Ideen zu verankern und sie zu einem natürlichen Teil deines Comping-Vokabulars zu machen.

In diesem Kapitel habe ich einen Chorus des Songs *Fly Me to the Moon* improvisiert. Darin findest du Beispiele für alle besprochenen Comping-Techniken und noch einige andere:

- Melodiegeführte Linien, die zu Akkordvoicings harmonisiert sind

- Bassline-geführte Akkordbewegungen

- Viele Voicings pro Akkord

- Änderungen der Qualität der Akkorde (Dominant 7 statt Moll 7)

- Außerdem Ideen für b5-Akkord-Substitutionen

Ich werde bestimmte Abschnitte dieses Arrangements hervorheben, um meine Überlegungen zu den Akkordphrasen zu erläutern. Wenn du das gesamte Arrangement spielst, solltest du es zunächst langsam angehen und alle Akkordformen unter die Finger bekommen, bevor du das Tempo erhöhst. Auf diese Weise prägen sich die Bewegungen der Greifhand in das Muskelgedächtnis ein, so dass du dich darauf konzentrieren kannst, die Linien flüssig und mit Swing zu spielen. Höre dir den Audio-Download an, um genau zu hören, wie ich es spiele.

Übersicht über die Grundakkorde

Es ist leicht, ein Jazz-Arrangement für bare Münze zu nehmen und es einfach zu spielen, ohne die harmonischen Entscheidungen des Komponisten bei der Zusammenstellung zu verstehen. Ein Verständnis der grundlegenden Akkordwechsel des Stücks hilft uns zu sehen:

- Wo die Akkorde erweitert oder alteriert wurden

- Wo die Qualität der Akkorde verändert wurde (z. B. Moll-7-Akkorde in Dominant-7-Akkorde umgewandelt)

- Wo Ideen zur Akkordsubstitution verwendet wurden

- Wo zusätzliche Akkordwechsel hinzugefügt wurden, um die Harmonie für Solisten anzureichern (z. B. Hinzufügen von ii-Akkorden vor V-Akkorden)

In diesem Sinne sind hier die grundlegenden Changes für *Fly Me to the Moon* und die Akkorde, die von den meisten Jazzmusikern häufig gespielt werden. Die ursprüngliche „Piano-Roll"-Notation kann ein wenig abweichen, da sich bestimmte Variationen der Changes im Laufe der Zeit eingebürgert haben.

Die Melodie hat eine einfache AB-Form und viele der Akkordwechsel werden wiederholt.

Der Abschnitt A ist wie folgt aufgebaut:

| Am7 | Dm7 | G7 | Cmaj7 |

| Fmaj7 | Bm7b5 | E7b9 | Am7 A7 |

| Dm7 | G7 | Cmaj7 F7 | Em7 A7 |

Und hier sind die Akkorde des B-Teils:

| Am7 | Dm7 | G7 | Cmaj7 |

| Fmaj7 | Bm7b5 | E7b9 | Am7 A7 |

| Dm7 | G7 | Em7 | A7 |

| Dm7 | G7 | Cmaj7 | Bm7b5 E7b9 |

Betrachten wir nun ein paar Punkte, die im Arrangement von Interesse sind.

Beispiel 3a konzentriert sich auf die Takte 9-12 des Arrangements.

Die verschiedenen D-Moll-Voicings in Takt neun sind eine gute Möglichkeit, schnell von der fünften zur zehnten Position zu wechseln. In Takt zehn sieht der dreistimmige Akkord wie ein verminderter F-Dreiklang aus, ist aber eigentlich ein G7b9 ohne Grundton. In Takt 11 ist die chromatische Durchgangsnote auf der B-Saite im 7. Bund die #11 von Cmaj7, aber in Wirklichkeit ist es nur eine Durchgangsnote, die auf die 5 des Akkords im achten Bund zielt.

Beispiel 3a

Beispiel 3b konzentriert sich auf die Takte 17-21 und enthält eines meiner Lieblings-Latin-Jazz-Licks. Eine großartige Möglichkeit, Bewegung in einen statischen Moll-Akkord zu bringen, besteht darin, die grundlegende Akkordform beizubehalten und durch das Ändern von Noten bewegliche Linien hinzuzufügen - so wie wir es beim Gmaj7-Akkord in Kapitel eins gemacht haben.

Hier, in den ersten beiden Takten, bedeutet die Bewegung der Noten auf der D-Saite, dass die Akkorde zwischen Moll 7 und Moll-Major-7 wechseln.

In den Takten 20-21 wird die Bewegung von C7 nach Fmaj7 mit einer aufsteigenden chromatischen Basslinie unter Verwendung von Dezimakkord-Voicings gespielt. (Ein Dezimakkord ist einfach ein Voicing bestehend aus Grundton plus Terz, wobei die Terz eine Oktave nach oben verschoben ist).

Beispiel 3b

Beispiel 3c (Takte 25-28 des Arrangements) schließlich enthält eine aufsteigende Idee, die mit einer Reihe von überwiegend geschlossenen Voicings einen großen Bereich des Halses abdeckt. Beachte, dass ich einen verbindenden C#dim-Akkord eingefügt habe, um den Raum zwischen den D-Moll-Voicings zu füllen.

Beispiel 3c

Hier ist nun das vollständige Arrangement. Hör dir zunächst die Audioaufnahme an und arbeite dich dann Takt für Takt durch.

Beispiel 3d - Basierend auf den Changes von *Fly Me to the Moon*

E7♯9 B♭9♭5 Am7 A9 Dm7 Dm9 Dm6
Fdim Cmaj7 (♯11) E7♯9 A7
Dm/C C♯ dim G13 D♭9 C6add9
B7sus4♭5 E7♯9 Am7 AmMaj7 Am7 Dm DmMaj7 Dm7
Dm69 Fdim Cmaj7 C7 Fmaj7 F6

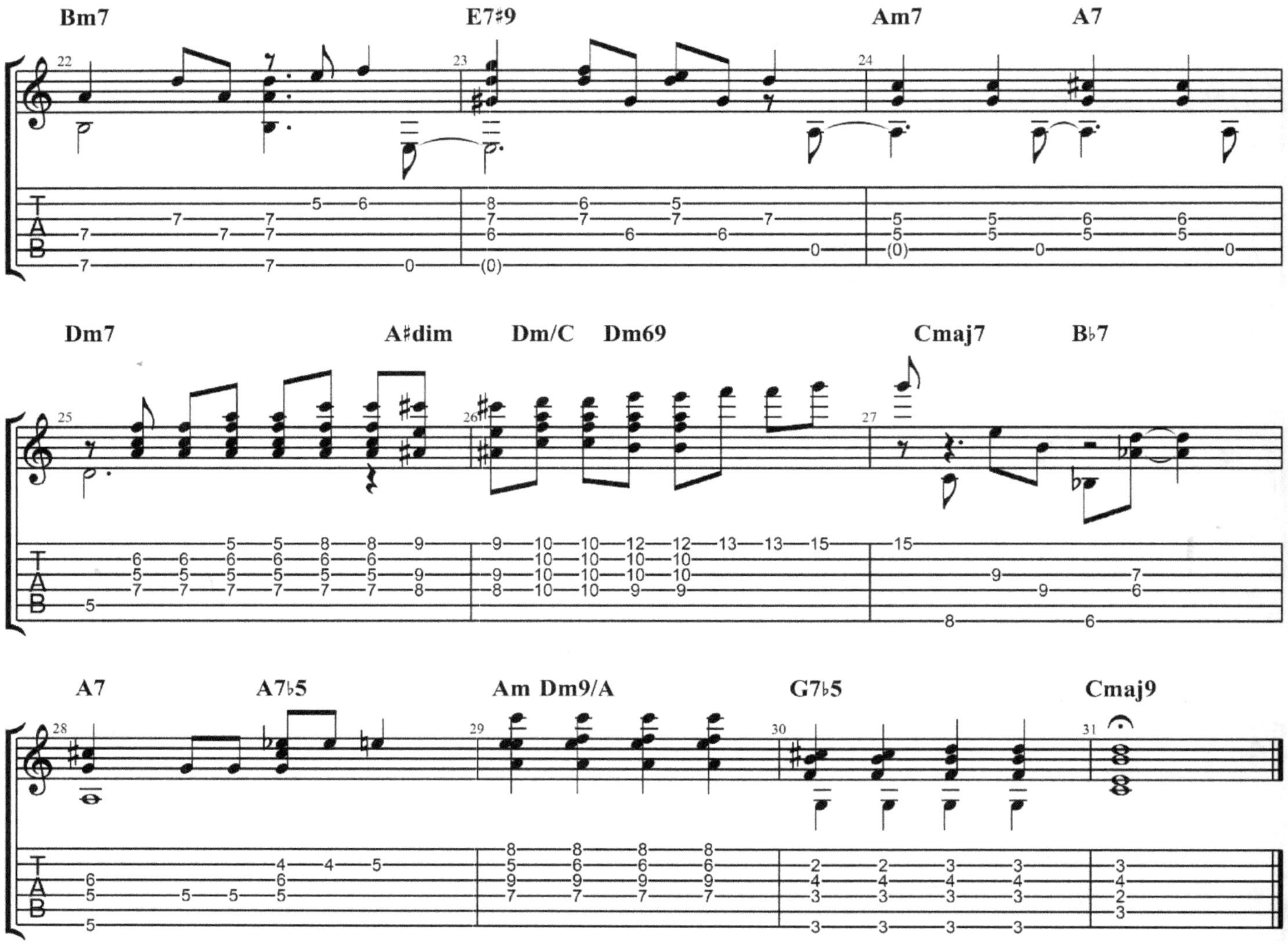
Bm7
E7♯9
Am7
A7
Dm7
A♯dim
Dm/C
Dm69
Cmaj7
B♭7
A7
A7♭5
Am Dm9/A
G7♭5
Cmaj9

Kapitel Vier: I VI ii V - Bewegungen

Eine weitere häufige Dur-Sequenz im Jazz ist die I vi ii V-Progression. Du wirst diesen Sound sofort als Turnaround erkennen - d.h. die Akkorde am Ende eines Stücks, die es „umdrehen" und neu beginnen. Sie ist das Hauptmerkmal aller „Rhythm Changes" Songs (Stücke, die auf der Akkordfolge des Originals *I Got Rhythm* von George Gershwin basieren).

Die meisten Beispiele in diesem Kapitel stehen in G-Dur, und in dieser Tonart lautet die Sequenz I vi ii V:

Gmaj7 (I) - Em7 (vi) - Am7 (ii) - D7 (V)

Es ist jedoch üblich, die Qualität des vi – Akkords zu einem Dominantsept (E7) zu ändern, also achte in den folgenden Linien darauf.

Es ist auch üblich, dieser Progression Ideen für Akkordsubstitutionen hinzuzufügen. Wenn du sie wie oben beschrieben spielst, wirst du feststellen, dass sie sich einfach im Kreis dreht und die harmonische Bewegung ziemlich begrenzt ist. Em7 hat viele Töne mit Gmaj7 gemeinsam, und der II-Akkord Am7 dient einem ähnlichen Zweck wie der V-Akkord D7, indem er sich wieder zu Gmaj7 auflöst, wie wir im vorherigen Kapitel besprochen haben.

Um die Sache interessanter zu machen, werden oft bestimmte Substitutionen eingeführt, wie z. B. das Ersetzen des Akkords I durch den Akkord iii. So wird zum Beispiel die I vi ii V...

Gmaj7 - Em7 - Am7 - D7

... zu iii VI ii V

Bm7 - E7 - Am7 - D7

Diese Progression eignet sich auch gut für b5-Substitutionen für die Dominantakkorde. Aus…

Gmaj7 - Em7 - Am7 - D7

…wird…

Gmaj7 - E7 - Eb7 - D7 (Eb7 ist die b5 von Am7)

…oder…

Gmaj7 - E7 - Am7 - Ab7 (Ab7 ist die b5 von D7)

…oder

Bm11 - Bb7b5 - Am11 - Ab7b5

Diese letzte Idee beinhaltet b5-Substitutionen für E7 und D7. Bb7b5 ist die b5 von E7, und Ab7b5 ist die b5 von D7; außerdem enthält diese Version den Akkord iii als Ersatz für den I-Akkord).

All diese Ideen finden sich in den folgenden Linien wieder.

In Takt zwei von Beispiel 4a habe ich sowohl einen erweiterten/alterierten V-Akkord als auch seine Dominantsubstitution b5 eingefügt. Für den V-Akkord müssen wir in dieser Position ein D13(b9)-Voicing ohne Grundton spielen, da die Bassnote D nicht zugänglich ist.

Dieser Akkord wird normalerweise mit der untenstehenden Form gespielt. Er wird im Allgemeinen verwendet, wenn wir noch mehr Spannung hinzufügen wollen, bevor wir zum I-Akkord auflösen.

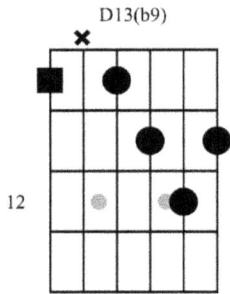

Darauf folgt das ebenso spannend klingende Ab7b5, die b5-Substitution von D7, die chromatisch zu Gmaj7 führt.

Beispiel 4a

Beispiel 4b ist eine Abwandlung der vorherigen Linie mit mehr Verzierungen.

Im ersten Takt gibt es einen chromatischen Fm7-Akkord, der verwendet wird, um sich dem Em7 von einem Halbtonschritt höher zu nähern, und im zweiten Takt einige zusätzliche Akkordbewegungen und Durchgangsnoten.

Diese Idee veranschaulicht die Tatsache, dass man, sobald man die Grundbewegungen der Akkordformen unter den Fingern hat, diese auf unendlich viele verschiedene Arten ausschmücken kann.

Beispiel 4b

Das nächste Beispiel beginnt ähnlich wie Beispiel 4b, aber das Em7 ist ein Voicing ohne Grundton. Dann verziere ich den A-Moll-Akkord in Takt zwei auf andere Weise.

Du wirst feststellen, dass ich dieses 7sus4-Voicing oft als Übergangsakkord verwende und es funktioniert besonders gut, wenn es mit einem Moll-9-Voicing gepaart wird.

Beispiel 4c

Wie du in Kapitel eins gelernt hast, kann das Comping Akkordbewegungen, Walking Basslines und Single-Note-Lines umfassen. Dies sind alles Werkzeuge in unserem Arsenal, wir müssen sie nur geschmackvoll und Umsicht einsetzen.

Das nächste Beispiel enthält zwei Ideen, die du verwenden kannst, um deine Comping-Moves aufzufrischen.

Die erste besteht darin, sich mit Hilfe von Akkorden/Basslinienbewegungen einem Zielakkord zu nähern. In Takt eins ignoriere ich den VI-Akkord (E7) und konzentriere mich auf den ii-Akkord (Am7), dem ich mich chromatisch von einem Ganzton höher annähere.

Die zweite Idee ist, die Harmonie mit Einzelnotenlinien zu umreißen.

Das Spielen einer Lead-Linie ist in Ordnung, wenn man Solo-Gitarre spielt, aber es kann auch gut funktionieren, wenn man für andere begleitet, solange man seine Ohren benutzt. Es kann zum Beispiel effektiv sein, einen Sänger zu begleiten und eine Linie als Kontrapunkt zur Melodie zu spielen.

Das Einstreuen von akkordischen Passagen mit Einzelnotenlinien kann auch Raum und Kontrast in einem Arrangement schaffen, daher solltest du mit dieser Idee experimentieren.

Beispiel 4d

Im nächsten Beispiel verwende ich Voicings für die Akkorde, bei denen die Akkorde so eng wie möglich beieinander liegen und nur ein oder zwei Noten geändert werden müssen, um den folgenden Akkord zu greifen.

Die Wahl der G6-Form auf den oberen vier Saiten bringt mich in den richtigen Bereich des Halses, um das E9 zu erreichen. Anstatt einen geraden A-Moll-Akkord zu spielen, entschied ich mich für einen bunteren Am9b5, der einen bittersüßen Klang hat. Spiele diese Linie mit viel Swing!

Beispiel 4e

Hier ist ein weiterer Ansatz, den du in Betracht ziehen kannst. Wenn du eine Comping-Passage aufbaust, indem du mit einer Melodielinie beginnst, hast du die Wahl, ob du jede Note oder nur ein paar der Noten harmonisieren möchtest. Ich spiele oft Linien wie die in Takt zwei, mit eingestreuten Akkorden, aber ich hätte auch auf jeder Note ein Voicing spielen können.

Am Ende dieser Idee wollte ich die G-Bass-Note klingen lassen und absteigende Noten auf der D-Saite spielen. Oberhalb der Notation habe ich den Akkordklang eingetragen, den jede Note über dem G-Bass erzeugt.

Beispiel 4f

Das nächste Beispiel beginnt mit der gebräuchlichen Substitutionsidee, den Akkord I durch den Akkord iii zu ersetzen (Bm7 anstelle von GMaj7). Dies wird oft gemacht, um innerhalb eines sich wiederholenden I vi ii V-Musters Abwechslung zu schaffen. Dadurch wird die Wiederholung des I-Akkordes vermieden, aber den Solisten werden auch andere melodische Möglichkeiten gegeben. Wie bei den meisten Akkordsubstitutionsideen funktioniert dies auf der Grundlage, dass die beiden Akkorde gemeinsame Noten haben:

Gmaj7 = G, B, D, F#

Bm7 = B, D, F#, A

In diesem Beispiel folgen auf den B-Moll-Akkord einige E7-Variationen, die viele alterierte Noten enthalten. Wenn dir jemand sagt, du sollst einen Dm7b5-Akkord spielen, würdest du wahrscheinlich automatisch zu dieser Form in der fünften Position greifen, aber in einem anderen Kontext über einer E-Bassnote eingesetzt, ergibt sich tatsächlich ein E7#5b9.

In Takt drei endet die Progression auf Bm11 und nicht auf Gmaj7. Es handelt sich wieder um die Ersetzung von Akkord iii durch Akkord I. Wenn du zufällig mit einem Bassisten zusammenarbeitest, der an dieser Stelle den Grundton G spielt, funktioniert die Harmonie trotzdem. Bm11 über einem G-Grundton erzeugt den Effekt eines G6/9-Akkords.

Beispiel 4g

Eine einfache Möglichkeit, deine Linien wirklich zum Swingen zu bringen, besteht darin, gelegentliche 1/8-Triolen über einen geraden Groove zu spielen. Dieser Effekt erzeugt das Gefühl des Drückens/Ziehens gegen den Beat, das für den Jazz-Swing charakteristisch ist. Je geschmeidiger du diese Triolen spielen kannst, desto hipper klingt dein Comping. Hör dir das Audiobeispiel an, um das richtige Timing zu finden und überstürze die Triolen nicht.

Beispiel 4h

Im ersten Kapitel haben wir uns mit der Idee befasst, die harmonisierten Akkorde der G-Dur-Tonleiter zu verwenden, um Bewegung in unsere Comping-Muster zu bringen. Hier wird diese Idee in die Tat umgesetzt.

In Takt eins hatte ich nach dem Spielen des Gadd9-Akkords den E7#5b9 als Zielakkord im Kopf. Um dorthin zu gelangen, habe ich Am7- und Bm7-Akkorde verwendet, mit einem chromatischen Bbm7 dazwischen.

Eine gängige Methode, einen Dominant-7-Akkord anzusteuern, ist das Spielen des zugehörigen ii-Akkordes (Bm7 ist der ii-Akkord von E7), und diese Idee taucht häufig in Jazz-Standards auf. Schau dir die Akkordwechsel von Charlie Parkers Klassiker *Blues for Alice an* und du wirst sehen, dass es sich um eine grundlegende Blues-Progression handelt, die mit vielen zusätzlichen ii V-Bewegungen einschließlich chromatischer ii Vs erweitert wurde.

Beispiel 4i

Das letzte Beispiel basiert auf den Anfangsakkorden von *Embraceable You*, das wir im nächsten Kapitel untersuchen werden. Auf den ersten Blick scheint es sich nicht um ein I vi ii V zu handeln, aber es ist tatsächlich eines - nur gut getarnt!

Der Bbdim-Akkord in Takt eins ist ein b5-Ersatz für E7. In Takt vier ist Bm7 eine Substitution für D7 (die Akkorde haben drei von vier Noten gemeinsam) und auf der Gitarre funktioniert es gut, zwischen zwei Moll-Akkorden zu wechseln, die einen ganzen Schritt auseinander liegen, um ein Riff oder eine Akkordphrase zu erzeugen (Am7 zu Bm7).

Der E7-Akkord am Ende von Takt vier hat eine andere Funktion als zuvor. Hier fungiert er als V-Akkord, der nach A-Moll führt, und nicht als VI-Akkord in G-Dur.

Beispiel 4j

Kapitel Fünf: Studienstück (basierend auf *Embraceable You*)

Embraceable You ist eine zeitlose Gershwin-Melodie. Es wurde 1928 geschrieben und zwei Jahre später im Broadway-Musical *Girl Crazy* erstmals veröffentlicht. Es wurde von Ginger Rogers bei ihrem Debüt als Broadway-Hauptdarstellerin gesungen. Das Orchester für diese Aufführung bestand aus den legendären Musikern Benny Goodman, Glenn Miller, Jack Teagarden, Jimmy Dorsey und Gene Krupa. Gershwin selbst dirigierte die Band bei der Premiere, und in jeder Pause gab es Jamsessions!

Alle Jazzgrößen haben dieses Lied aufgenommen, das meist als bittersüße Ballade angesehen wird, aber wie bei allen Jazzstandards gibt es viele verschiedene Versionen von schnell über langsam bis hin zu Latin! Dieses Arrangement wurde mit 70 bpm aufgenommen.

Eines von Gershwins Markenzeichen als Komponist war sein Ansatz, melodische Phrasen zu wiederholen und gleichzeitig die darunter liegende Harmonie zu variieren, um einen völlig anderen Klang zu erzeugen, und genau das kann man in diesem Stück hören.

Übersicht über die Grundakkorde

Schauen wir uns zunächst die normalerweise gespielten Changes von *Embraceable You* an. Es hat eine ABAC-Struktur, wie folgt:

Abschnitt A:

| Gmaj7 | Bb°7 | Am7 | D7 |

| Am7 | Cm6 | Gmaj7 | F#m7b5 B7b9 |

Abschnitt B:

| Em Em/D | C#m7b5 F#7b5 | Bm7 | Em7 A7 |

| Dmaj7 Bm7 | Em7 A7 | Am7 | D7 |

Abschnitt A wird wiederholt, wobei der letzte Takt leicht variiert wird:

| Gmaj7 | Bb°7 | Am7 | D7 |

| Am7 | Cm6 | Gmaj7 | Dm7 G7 |

Abschnitt C:

| Cmaj7 | F#m7b5 B7b9 | Em7 Emaj7/D | C#m7b5 Cm6 |

| Bm7 E7 | Am7b5 D7b9 | Gmaj7 | Am7 D7 |

Bevor wir zum Arrangement kommen, möchte ich ein paar der Comping-Ideen hervorheben, die ich verwendet habe.

Beispiel 5a zeigt die in den Takten 15-17 verwendete Linie.

Um die absteigende Triolenphrase in Takt fünfzehn zu spielen, halte den ersten Finger am 5. Bund, während du die hohen Noten mit dem vierten Finger spielst.

Spiele auf die gleiche Weise die folgende Akkordphrase in A-Moll in Takt sechzehn.

Beispiel 5a

Beispiel 5b sind die Takte 17-20 des Arrangements.

Achte in den Takten 17-18 darauf, die aufsteigenden chromatischen Linien sauber auszuführen und dabei das Swing-Gefühl beizubehalten - es kann leicht passieren, dass sie etwas freier klingen!

Um Bewegung in den A-Moll-Akkord in den Takten 19-20 zu bringen, wechsle ich ihn mit C-Dur ab und verwende auch ein übermäßiges Voicing, um die Lücke zu füllen und eine kurze Spannung zu erzeugen. Die Idee mit dem übermäßigen Akkord kam mir allein aufgrund der Nähe zum Am/D-Akkord, den ich bereits spielte!

Um diese beweglichen Voicings zu spielen, ist es am einfachsten, die Akkorde mit dem ersten, zweiten und dritten Finger und dann die Bassnote D mit dem Daumen zu greifen. Dann musst du die Greifhand schnell wieder in ihre normale Position bringen, um die chromatisch absteigenden Akkorde in Takt 20 zu spielen.

Beispiel 5b

Hör dir das vollständige Arrangement ein paar Mal an, bevor du es versuchst.

Das Stück ist etwas schwieriger zu spielen als *Fly Me to the Moon*, da es mehr bewegte Linien und kontrapunktische Ideen enthält. Konzentriere dich auf die Takte, die du anfangs schwierig findest und lerne diese langsam.

Du wirst das Ganze leichter spielen können, wenn du verstehst, dass ich die meiste Zeit eine gängige Akkordform beibehalte und melodische Ideen um sie herum spiele, während ich diese Form *beibehalte* - genau wie die Ideen in A-Moll in Beispiel 5a.

Wenn du eine Linie siehst und denkst, *es ist nicht möglich, diese Noten zu erreichen, während ich diese Akkordform greife*, dann habe ich die Position gewechselt!

Aber es gibt eine innere Logik in dem Arrangement und der Reihe von Akkordformen, die ich greife. Wie Joe Pass einmal sagte: „Warum sollte man etwas *Schwieriges* spielen wollen?!"

Beispiel 5c

Am7 Bm7 E13♭9 Am7 D7♯9 D7♭9
G B♭dim Am/D Eaug/D C/D Eaug/D
Bm7 B♭m Am Bm7 B♭m7 C Cmaj7 Cm6 E♭m69 Cm9
Gmaj7 Am B♭m Bm Am Gmaj7 A♭7add13 G7add13 G7(♯5)
Cmaj7 C6add9 F♯m11 B7♯5♭9 B7♯5 Em7 G/D

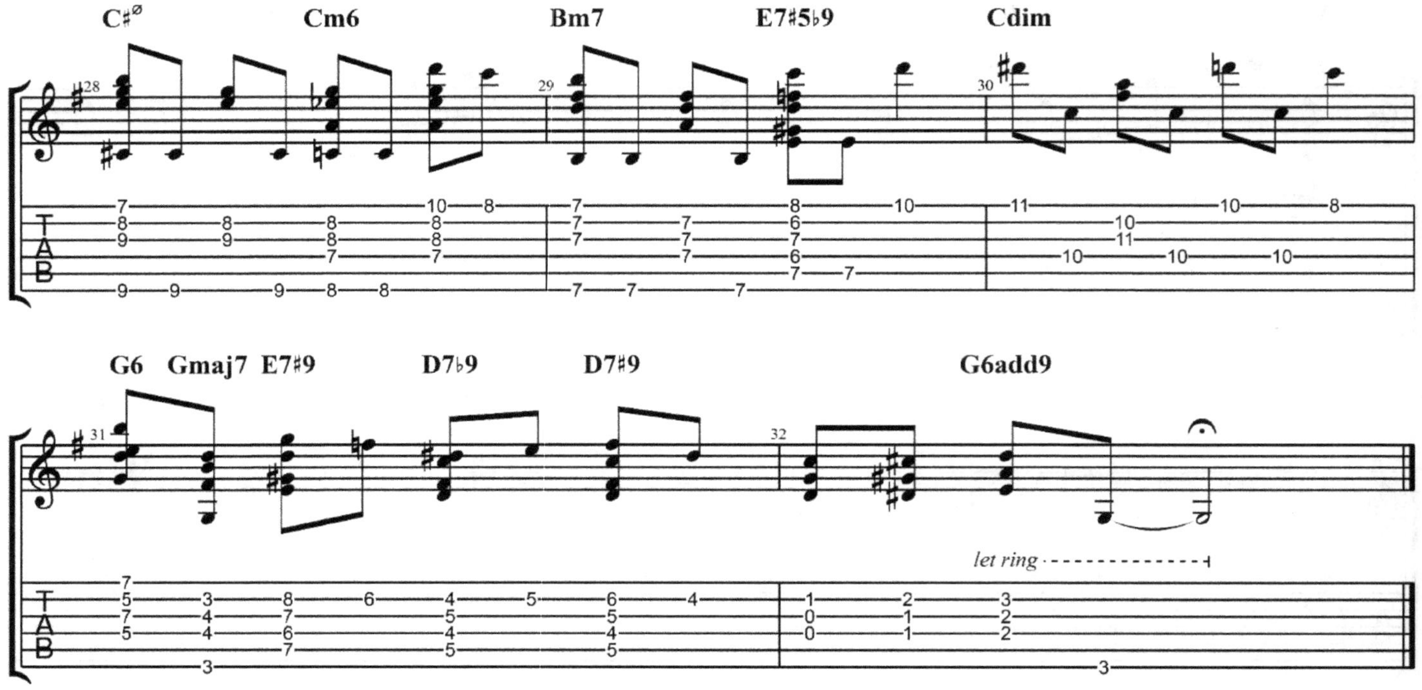
C♯ø
Cm6
Bm7
E7♯5♭9
Cdim
28
29
30
G6
Gmaj7
E7♯9
D7♭9
D7♯9
G6add9
31
32
let ring

Kapitel Sechs: Studienstück (basierend auf *Have You Met Miss Jones)*

Bevor wir uns mit der Moll-ii-V-i-Progression befassen, findest du hier ein weiteres Übungsstück, an dem du arbeiten kannst. Es basiert auf einem anderen Stück, das die Dur I VI ii V-Progression verwendet und viele wechselnde Dur ii V I-Bewegungen enthält.

Have You Met Miss Jones? ist ein Lied von Rodgers und Hart, und die Melodie ist so schön geschrieben, dass sie die komplexen harmonischen Ideen, die sie unterstützen, verschleiert. Es hat eine AABA-Form, wobei der A-Teil eine einfache, sich wiederholende I VI ii V-Progression ist, doch der B-Teil ist komplexer.

Hier sind die Standard-Akkordwechsel für den A-Teil. Beachte die Substitution von Akkord iii durch Akkord I in Takt vier (Am7 anstelle von Fmaj7).

Abschnitt A:

| Fmaj7 | D7 | Gm7 | C7 |

| Am7 | Dm7 | Gm7 | C7 |

Diese Form wird wiederholt, und beim zweiten Mal wechseln die letzten beiden Takte zu Cm7 nach F7, um die Bridge bzw. den B-Teil vorzubereiten.

Abschnitt B:

| Bbmaj7 | Abm7 Db7 | Gbmaj7 | Em7 A7 |

| Dmaj7 | Abm7 Db7 | Gbmaj7 | Gm7 C7 |

Auf den ersten Blick ist es schwer zu erkennen, wie sich die wechselnden tonalen Zentren des B-Teils zueinander verhalten. Es kann auch eine Herausforderung sein, ein Solo darüber zu spielen, weil die Tonartwechsel an ungewöhnlichen Stellen stattfinden. Was ist hier also los?

Der B-Teil basiert im Wesentlichen auf den „Coltrane Changes", die geschrieben wurden, bevor John Coltrane *Three Little Words* und später seine berühmten *Giant Steps* komponierte. Die Kernidee basiert auf tonalen Zentren, die sich in großen Terzen (vier Bünde auf der Gitarre) in beide Richtungen bewegen.

- Das erste tonale Zentrum von Bb-Dur verschiebt sich um eine große Terz nach unten zu Gb-Dur

- Gb-Dur verschiebt sich um eine große Terz nach unten zu D-Dur

- D-Dur verschiebt sich um eine große Terz zurück nach Gb-Dur

Der Zyklus wird durch den Akkordwechsel von Gm7 zu C7 unterbrochen, der dazu dient, zur Tonart F-Dur zurück zu führen.

Dies führt zurück in den A-Teil, der diesmal leicht modifiziert ist, um einen definitiven Schluss zu haben.

| Fmaj7 Bb7 | Am7 D7 | Gm7 | C7 |

| Am7 D7 | Gm7 C7 | F6 | Gm7 C7 |

Ich spiele zwei Comping-Versionen dieses Stücks, die unterschiedliche Ansätze verfolgen.

Das erste ist das einfachere der beiden Arrangements und konzentriert sich auf die Verwendung einfacher Akkordformen, die durch Walking-Bass-Bewegungen verbunden sind.

Wenn du zum ersten Mal durch die Changes eines Standards compen willst, ist dies ein guter Anfang. Versuche nicht, sofort mit komplexen oder cleveren Ideen zu kommen. Erstelle stattdessen eine Karte der grundlegenden Geografie des Stücks, indem du dir anschaust, wo die Akkordwechsel liegen und welche einfachen Voicings du verwenden kannst.

Selbst mein guter Freund Ted Greene, der mehr als jeder andere über fortgeschrittene, ausgeklügelte Akkord-Voicings wusste, sagte immer: „Konzentriere dich auf einfache Akkorde, die Melodie und einen guten Rhythmus."

Sobald du die Geografie der Changes kennst, kannst du sie mit den Bewegungen der Bassline verbinden und dich darauf konzentrieren, einen guten Takt zu halten und ihn zum Swingen zu bringen.

Sobald du ein solides, einfaches Arrangement hast, das sich durch die grundlegenden Changes bewegt, kannst du anfangen, über die Erstellung von Comping-Phrasen nachzudenken, die einen größeren Bereich der Gitarre nutzen.

Probiere dieses erste Arrangement aus und arbeite mit einem Metronom, das auf ein moderates Tempo eingestellt ist. Erhöhe das Tempo erst, wenn du es perfekt spielen kannst, ohne einen Fehler zu machen. Ziel ist es, in kleinen Schritten etwa 120 bpm zu erreichen.

Beispiel 6a

Fmaj9/C
Dm7
D♭m7
Cm7
B7♭5
B♭6
B♭
A♭m7
D♭7
G♭6
Dmaj7
A♭m7
D♭7
G♭maj7
Gm7
C9♯11
Fmaj7
Gdim
A♭dim
F/A
B♭dim
D7/A
D7
Gm7

Das zweite Arrangement ist ein komplexeres Akkord-Workout, das viele der Ideen, die wir bisher betrachtet haben, mit vielen Voicings für Akkorde, chromatischen Ansatzakkorden, verminderten Verbindungsakkorden und einigen Substitutionsideen kombiniert.

Auch hier ist es wichtig, dass du es langsam angehst. Präge dir alle Formen und Bewegungen im Muskelgedächtnis ein und konzentriere dich dann auf das saubere Spielen der Akkorde.

Du kannst ein Arrangement wie dieses mit einem Plektrum oder mit Daumen und Fingern im Stil von Wes Montgomery spielen. Probiere beides aus und stelle fest, was du bevorzugst.

Beispiel 6b

Badd9
D♭13♭9
Gm9
Fmaj7♭5
Am6
D7alt
B♭/F
C/G
B♭
C
B♭maj7
B♭/D
Dm7/G
B♭dim
Cm6/9
C/A
Em7/A
C/A
Em7/A
C/A
Em7/A
Gm7/C
Gm7/C
Em7/A
A∅
F7alt
B♭6/9
A♭m9
G♭maj9
Em7
A13

Dmaj9
A♭m7
G♭maj7
Gm9
C13
Fmaj9
B♭7♭5
Am7
D7♯9
Gm9
C13
C9
G7(♯5)
C13
Fmaj9

Kapitel Sieben: Moll ii V I-Bewegungen

Die Moll-ii-V-i-Progression kommt fast so häufig vor wie die Dur-ii-V-i-Progression und wird in zahllosen Standards verwendet, so dass es unerlässlich ist, einige Akkordvokabeln dafür in den Fingern zu haben.

Zunächst ist es nützlich zu verstehen, woher diese Sequenz kommt und wie sie im Jazz oft verwendet wird. Schauen wir sie uns in der Tonart A-Moll an

Die Progression Moll ii V i entsteht durch Harmonisierung der Noten der harmonischen Molltonleiter. Die folgende Tabelle zeigt die Noten dieser Skala und die Akkorde, die sie erzeugt, wenn die Noten in Terzen gestapelt werden.

I	ii	III	iv	V	VI	VII
A	B	C	D	E	F	G#
Am(Maj7)	Bm7b5	Cmaj7#5	Dmin7	E7	Fmaj7	G#dim7

In der Tonart A-Moll ist die ii-V-i-Folge also Bm7b5 - E7 - Am(Maj7).

Streng genommen müsste der I-Akkord ein Moll-Maj7-Akkord sein, aber so wird er im Jazz selten gespielt. Im Laufe der Jahre hat es sich eingebürgert, den Klang dieses dissonanten Akkords für westliche Ohren anzupassen und ihn als geraden Moll-Akkord zu spielen, damit er weniger unaufgelöst klingt.

Der gleiche Spielraum gilt für den ii-Akkord, der als jede Art von einfachem oder erweitertem Moll-Akkord gespielt werden kann.

Der V-Akkord wird in der Regel als alterierter Dominantseptakkord gespielt (oft einfach als E7alt geschrieben), was bedeutet, dass wir entscheiden können, welche Spannungen wir hinzufügen.

Schauen wir uns nun einige Beispiel-Akkordphrasen an.

Beispiel 7a verwendet ein Bm11 anstelle von Bm7b5, einen alterierten E7, dann ein Am6 anstelle des Moll Major7.

Greife jede Akkordform mit dem zweiten, dritten und vierten Finger und lassen den ersten Finger frei, um die Verzierungsnoten dazwischen einzufügen. Halte jede Form gedrückt und lasse die höheren Noten über dem Akkord erklingen.

Beispiel 7a

Die nächste Linie enthält einige spannungsreiche Verzierungen des V-Akkords. Hier spiele ich einen gewöhnlichen E7#9-Akkord in der siebten Position, gefolgt von einem weniger gewöhnlichen E13b9-Akkord, der mit seiner b7 (D) im Bass gespielt wird.

Unmittelbar danach folgt eine b5-Substitution, wobei ein Bb7b5-Akkord den E7-Akkord ersetzt. Die Bb-Bassnote dieses Akkords löst sich chromatisch zum Am7 in Takt zwei auf.

Beispiel 7b

Für das Bm7b5 in der nächsten Akkordphrase kannst du entweder die vollständige Akkordform greifen und sie gedrückt halten, während du die Noten auf den Zählzeiten 2 und 3 mit den Fingern zupfst, oder du kannst sie als zwei verschiedene kleine Formen spielen. Die Visualisierung einer Form und das anschließende Zupfen von Fragmenten ist ein einfacher Weg, um eine Akkordphrase aufzubauen.

Diese Linie verwendet eins farbigeres E7#5b9-Voicing.

Beispiel 7c

Hier ist eine einfache gezupfte Akkordphrase, die auch das E7#5b9-Voicing enthält.

Beispiel 7d

Hier ist ein anderer Ansatz. Dieses Mal habe ich mich entschieden, den Bm7b5-Akkord wegzulassen und mich nur auf den alterierten Dominant-7-Klang zu konzentrieren. Der Akkord wird auf Schlag 1 des ersten Taktes gespielt, dann führt ein kaskadenartiger absteigender Lauf zum Am9-Akkord in Takt zwei.

Um den Akkord E7#5#9 zu spielen, greife mit deinem ersten Finger ein Barré am fünften Bund und greife die anderen Noten mit dem zweiten und vierten Finger. Entferne das Barré, um den absteigenden Lauf zu spielen.

Spiele nun wieder Barré am fünften Bund und halte die gespreizte Am9-Form einen Sekundenbruchteil lang gedrückt, bevor du die E-Note auf Schlag 1 des zweiten Taktes spielen.

Beispiel 7e

Für die letzten drei Beispiele wechseln wir die Tonart zu E-Moll, und die Hauptprogression ist F#m7b5 - B7 - Em7, dieselben Akkorde wie im Moll ii V i von *Autumn Leaves*.

In Beispiel 7f erzeugt Takt eins den F#-Moll-Klang mit einem ungewöhnlichen Akkord-Voicing, das du vielleicht noch nicht kanntest. Wenn du das C neben dem B spielst, entsteht eine schöne Dissonanz, also lasse alle Noten zusammen klingen, wenn du diesen Akkord spielst. Er klingt auch großartig, wenn du die offene hohe E-Saite hinzufügst, also probiere auch das aus.

In Takt zwei besteht die einfache Idee darin, die Akkordform durchgehend zu halten und bestimmte Fragmente des Akkords herauszugreifen.

In Takt drei haben wir eine weitere einfache, aber effektive Idee: die *verzögerte Auflösung*. Anstatt sofort zur Em9 aufzulösen, wird die D#-Note auf der zweiten Saite gehalten, um viel Spannung zu erzeugen.

Beispiel 7f

Dieses Beispiel beginnt mit einem weniger verbreiteten „gestreckten" Voicing von F#m7b5. Setze deinen ersten Finger am fünften Bund an und halte den ganzen Akkord gegriffen (wobei dein vierter Finger die Note auf der A-Saite, 9. Bund, spielt), bevor du zu spielen beginnst.

Beispiel 7g

Hier ist eine Variation der vorherigen Idee, die mit dem gleichen Voicing von F#m7b5 beginnt.

Für den Schlussakkord, der vor dem dritten Takt erwartet und gespielt wird, habe ich ein anderes, weniger gebräuchliches Voicing gewählt - einen neblig klingenden Esus9b6. Er erzeugt immer noch den gewünschten E-Moll-Klang, lässt uns aber in der Luft hängen, weil er unaufgelöst klingt. Er ist ein guter Akkord, wenn du dein Arrangement mit einer interessanten Wendung enden lassen willst.

Beispiel 7h

Kapitel Acht: Studienstück (basierend auf *Yesterdays*)

Yesterdays von Jerome Kern ist einer der beliebtesten Jazz-Standards in Moll. Er geht auf das Jahr 1933 zurück und wurde für das Musical *Roberta* geschrieben.

Der berühmteste Hit aus dieser Show war *Smoke Gets in Your Eyes*, aber *Yesterdays* fand seinen Weg in das Standardrepertoire des Jazz und ist nach wie vor ein unverzichtbares Stück. Es wurde im Laufe der Jahre von allen Jazz-Größen aufgenommen.

Hier sind die Changes, die für dieses Stück normalerweise in D-Moll gespielt werden:

| Dm7 | Em7b5 A7b9 | Dm7 | Em7b5 A7b9 |

| Dm7 Dm(Maj7)/C# | Dm7/C | Bm7b5 | E7 |

| A7#5 | D9 | G13 | C9 |

| F13 | Bbmaj7 | Em7b5 | A7b9 |

Die Moll-ii-V-i-Sequenz wird zu Beginn dieses Stücks umgedreht. Der I-Akkord kommt zuerst, dann die ii und die V. Aber da es sich um eine Schleife handelt, hat man am Ende immer noch ein ii V i.

In den Takten 7-8 gibt es auch ein temporäres oder verdecktes Moll ii V i. Die Bewegung von Bm7b5 nach E7 suggeriert ein ii V in der Tonart A-Moll. Kern änderte jedoch die Qualität der Tonika von A-Moll zu A7#5, was eine Rückkehr nach D-Moll nahelegt, aber stattdessen wird D9 gespielt. Solche Wendungen sind typisch für Kerns Kompositionstechnik.

Wir haben bereits gesehen, dass die Idee des Mischens und Angleichens von Akkordqualitäten in der Jazz-Harmonik häufig vorkommt und etwas ist, das wir beim Erstellen unserer eigenen Comping-Linien verwenden können.

Beispiel 8a zeigt, wie durch die Takte 1-4 des Arrangements navigiere. Beachte in Takt drei, dass ich Moll-9-, Moll-6- und 7sus4-Voicings verwende, um eine kurze Akkordphrase zu erzeugen, die Moll- und Dominantklänge mischt.

Es gibt auch eine b5-Substitution in Takt vier, wo der A7#5-Akkord durch Eb9#11 ersetzt wird.

Diese Substitution kann in einem Moll ii V i effektiv eingesetzt werden, wenn die Progression in einer Schleife weiterläuft. Anstelle von Dm7 - Em7b5 - A7#5 können wir also Dm7 - Em11 - Eb9#11 spielen, wobei die Bassnoten chromatisch nach D zurückführen.

Beispiel 8a

Später, in den Takten 17-20, verwende ich verschiedene erweiterte Noten, um dem einfachen D-Moll-Akkord Farbe zu verleihen.

In Takt 20 wird der Em7b5-Akkord durch Bb13 ersetzt. Dieses Mal spiele ich eine b5-Substitution anstelle des Em7b5, so dass die Sequenz zu Bb13 nach A7#5 wird. Du kannst hören, dass die Gesamtharmonie immer noch intakt ist, aber diese Bewegung fügt eine schöne Farbe hinzu.

Beispiel 8b

Eines der charakteristischen Merkmale dieses Stücks findet sich in den Takten 5-7, wo im Original die Melodie aufsteigt, während die Basslinie im Kontrapunkt absteigt. Da dies ein so starker Klang ist, hilft die Hervorhebung dieses Gedankens in unserem Comping sowohl den Solisten als auch dem Publikum zu wissen, wo wir uns im Stück befinden.

Beispiel 8c

Hier ist nun das vollständige Comping-Arrangement. Höre dir zuerst das Audiobeispiel an und arbeite dann einen Abschnitt nach dem anderen durch.

Beispiel 8d

Cm9 C7sus4 Cm9 F7♯9 B♭add9 Em11
A7 alt Dm9 Dm6 Eø A7♯5
Dm9 (maj7) B♭7add13 A7♯5 D5 A/C♯ F/C Gsus2/B
B♭7 F/A E/G♯ C5/G Bm7♭5 E7♯5♯9
A7♯5 D9 G13 C13

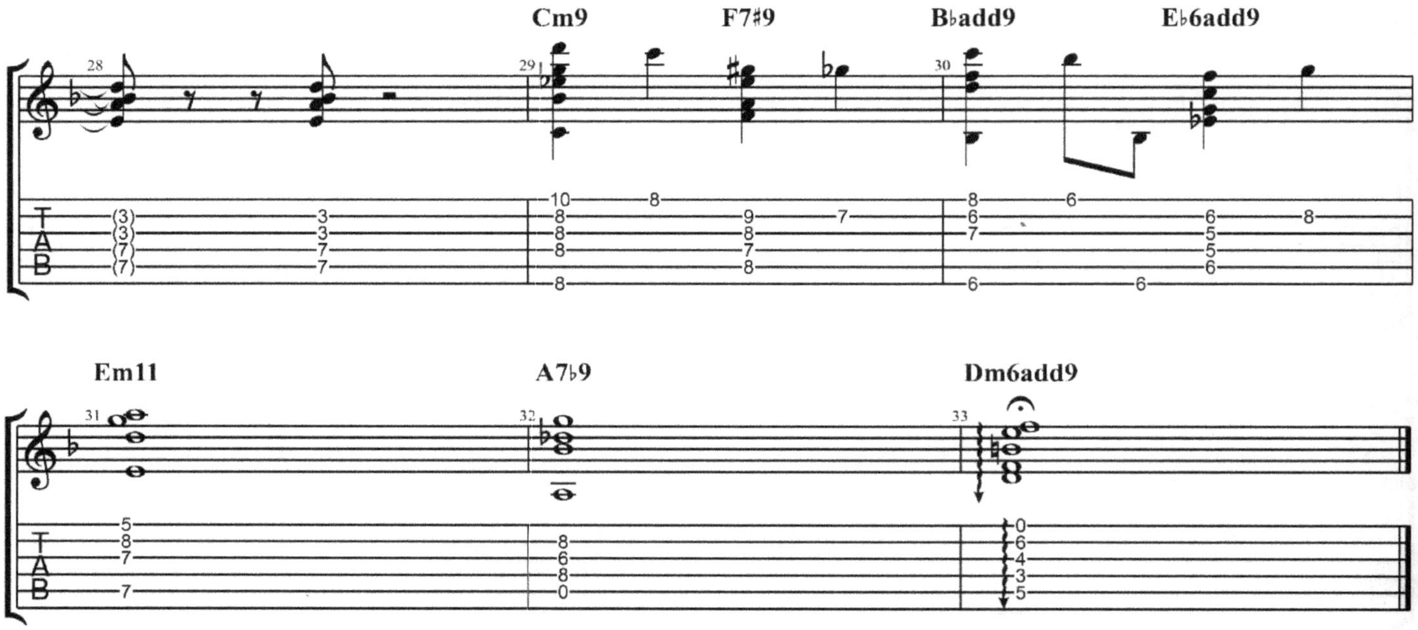
Cm9
F7♯9
B♭add9
E♭6add9
Em11
A7♭9
Dm6add9

Kapitel Neun: Latin Jazz Studienstück (basierend auf *I Remember You*)

In der Einleitung zu diesem Buch erwähnte ich den Kauf eines Albums mit Bud Shank und Laurindo Almeida, das mich mit der Musik Brasiliens und ihren Rhythmen bekannt machte. Ich verliebte mich sofort in den Klang dieser Musik und verbrachte einige Zeit damit, sie zu studieren, um schließlich mit dem großen Sergio Mendes und anderen brasilianischen Künstlern wie Dori Caymmi, Toninho Horta und Ivan Lins zu spielen und aufzunehmen.

Aus Platzgründen kann ich nicht ausführlich auf Latin-Rhythmen und ihre Verwendung im Jazz eingehen - das würde ein ganzes Buch füllen! Aber ich kann einige grundlegende Tipps weitergeben, und am Ende dieses Kapitels gibt es ein Latin-inspiriertes Comping-Arrangement des Stücks *I Remember You*, das du lernen kannst.

I Remember You wurde von Victor Shertzinger und Johnny Mercer geschrieben und in vielen verschiedenen Stilen aufgenommen. Frank Ifields Country-Version des Songs war ein Millionenhit, und der Song ist auch auf der berühmten Bootleg-Aufnahme der Beatles *Live! At the Star Club in Hamburg, Germany; 1962.* Ich habe den Song für Diana Kralls Album *The Look of Love* als Bossa Nova gespielt.

Schauen wir uns ein paar Beispiele an, die uns helfen, den grundlegenden Latin Groove zu entwickeln, den wir anstreben.

Wenn du einen Latin-Rhythmus als Begleitung für einen Solisten spielst, ist es wichtig, den Puls der Musik in Gang zu halten. Bevor du also daran denkst, komplizierte Rhythmen zu spielen, musst du das Fundament für die Bassline legen.

Spiele Beispiel 9a durch. Beachte, dass die Bassnoten vorhersehbar auf die Zählzeiten 1 und 3 fallen. Spiele die Noten mit dem Daumen und achte darauf, sauber und gleichmäßig zu spielen. Arbeite mit einem Metronom, um dies zu üben.

Diese Übung mag allzu simpel erscheinen, aber ich kann gar nicht oft genug betonen, wie wichtig es ist, den alternierenden Puls der Bassline im Griff zu haben. Wir werden nun einige rhythmische Variationen hinzufügen, aber es ist wichtig, den Grundpuls der Musik zu spüren.

Beispiel 9a

Jetzt führen wir eine vorweggenommene Bassnote ein, die kurz vor Takt 3 eines jeden Taktes fällt.

In Beispiel 9c werden wir einen Akkord einführen, aber zuerst möchte ich, dass du die höheren Saiten mit deiner Greifhand dämpfst, um einen perkussiven Klang im Latin-Rhythmus zu erzeugen. Bevor du einen Akkord hinzufügst, musst du sicherstellen, dass die Bassline solide ist.

Wie das klingt, kannst du im Audio-Download hören.

Beispiel 9b

In Beispiel 9c ist die erste Bassnote jedes Taktes nun Teil eines vollen Akkords, und die höheren Saiten werden für die Akzente verwendet.

Höre dir das Audiobeispiel an und konzentriere dich darauf, die Bassline zu hören, ohne darauf zu achten, was die Akkordakzente tun. Kannst du hören, dass der Grundpuls der Musik immer noch fest ist?

Die Bassline ist wie das Metronom eines Latin-Grooves. Übe dabei, die Bassnoten etwas lauter zu spielen als die Akkordakzente. Ich spiele diese Art von Pattern, indem ich die Basstöne mit dem Daumen nach unten und die Akzente mit den Fingern nach oben zupfe.

Beispiel 9c

Als Nächstes werden wir sowohl die Bassline als auch die Akzente leicht variieren, um ein zweitaktiges Muster zu erzeugen. Konzentriere dich wie zuvor zunächst auf die Bassline und dämpfe die Saiten, um den Rhythmus zu festigen. Höre dir das Audio an, um zu erfahren, wie es klingen soll.

Beispiel 9d

Jetzt werden wir dieses neue Rhythmusmuster verwenden und ein paar Akkorde hinzufügen. Um die Sache interessanter zu machen, bewegen wir den Akkord einen halben Schritt nach oben und dann wieder zurück, während wir eine Schleife spielen. Übe dies mit einem Metronom, das auf eine leicht zu bewältigende Geschwindigkeit eingestellt ist, damit du dir den Rhythmus einprägen kannst.

Beispiel 9e

Als Nächstes werden wir die Akkorde variieren und diesen Rhythmus in etwas verwandeln, das viel mehr wie ein Song klingt. Obwohl er in einer anderen Tonart gespielt wird, sollte er dich an *The Girl from Ipanema* erinnern.

Beispiel 9f

Die nächste Übung zeigt, wie man die Ideen, die wir uns angeschaut haben, auf eine typisch brasilianisch klingende Akkordfolge anwenden kann.

Beachte, dass wir keine komplexen Akkordformen verwenden müssen, um diese Art von Musik zu spielen - es ist möglich, den gewünschten Sound mit nur ein paar Noten zu erzeugen. Es geht nur um den Groove.

Beispiel 9g

Abschließend möchte ich dir eine komplexere Idee vorstellen, an der du während deiner Übungsstunden arbeiten kannst. Obwohl dies auf dem Papier einschüchternder aussehen mag als das bisher behandelte Material, ist es nicht so schwierig, wie es scheint.

Halte im ersten Takt diese einfachen Dreiklangsformen für die Akkorde Em7 und A7 gedrückt und spiele dann die in der Notation angegebenen Noten an. Bewege diese Formen für die Bewegung von Dm7 nach G7 in Takt zwei um einen Ganztonschritt nach unten, und einen weiteren Ganztonschritt für Cm7 nach F7 in Takt drei.

Ab Takt vier geht es darum, die Bassnoten auf wechselnden Saiten zu halten, während man die Akkorde spielt.

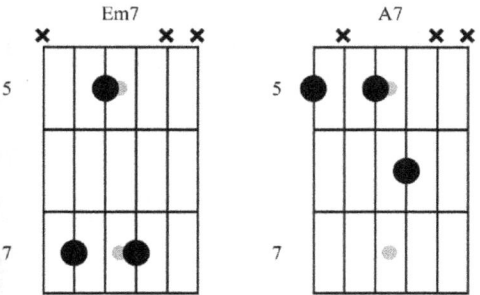

Beispiel 9h

Nun kommen wir zu dem vollständigen Arrangement von *I Remember You*. Zunächst ein Überblick über die am häufigsten verwendeten Changes für dieses Lied, das eine AABC-Form hat.

Abschnitt A:

| Ebmaj7 | Am7 D7 | Ebmaj7 | Bbm7 Eb7 |

| Abmaj7 | Abm7 Db7 | Gm7 C7 | Fm7 Bb7 |

| Ebmaj7 | Am7 D7 | Ebmaj7 | Bbm7 Eb7 |

| Abmaj7 | Abm7 Db7 | Ebmaj7 | Bbm7 Eb7 |

Abschnitt B:

| Abmaj7 | Dm7 G7 | Cmaj7 | Dm7 G7 |

| Cmaj7 | Cm7 F7 | Bbmaj7 | Fm7 Bb7 |

Abschnitt C:

| Ebmaj7 | Am7 D7 | Ebmaj7 | Bbm7 Eb7 |

| Abmaj7 | Abm7 Db7 | Gm7 C7 | Am7 D7 |

| Gm7 C7 | Fm7 Bb7 | Eb6 | Fm7 Bb7 |

Spiele die Standard-Akkordwechsel durch, um dich mit der Geographie des Stücks vertraut zu machen, bevor du das Studienstück durcharbeitest.

Ich beschloss, die erste Hälfte des A-Teils als eine Art Einleitung zu diesem Arrangement zu verwenden (Takt 1-9), gespielt in einem langsameren Tempo. Die zweite Hälfte des A-Teils, das in vollem Tempo gespielt wird, folgt in Takt zehn.

In diesem Comping-Arrangement des Stücks werden Akkorde mit abwechselnden Bassnoten verwendet, gemischt mit Akkordphrasen, die durch Einzelnoten verbunden sind. Von Takt sechsunddreißig bis zum Ende habe ich einen Vamp-Schluss für das Stück improvisiert. Ich hoffe, es gefällt dir!

Beispiel 9i

E9
E♭maj9
Am11
A♭7♭5
E♭maj9
B♭m7
E♭sus4
A♭6
A♭m7
D♭7
E♭
B♭m9
E♭7♭9
A♭maj9
A7♯5
Dm11
G7add13
G7♯5
Cmaj7
Dm11
D♭9♯11
Cmaj7
Cm9
B7♭5

B♭maj7
Bmaj9
E7♭5
E♭6/9
Am11
A♭7♭5
E♭maj9
G∅
C7♭9
Fm7
A♭m9
D♭7
Gm7
C7
G♭7♭5
Fm7
B♭/F
A♭
B♭
Fm7
B♭13♭9
E♭ 6
Bmaj7
Fm7
B♭7(♯5)
E♭6
Bmaj7
T
A
B

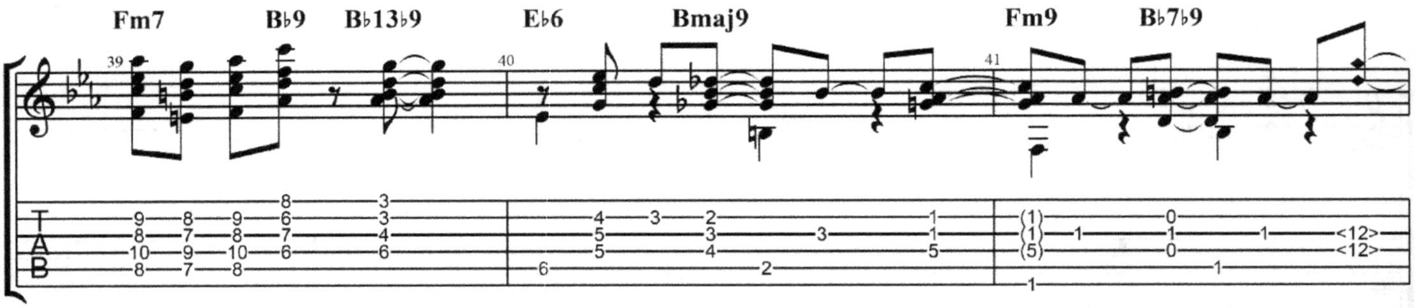
Fm7
B♭9
B♭13♭9
E♭6
Bmaj9
Fm9
B♭7♭9
39
40
41
TAB

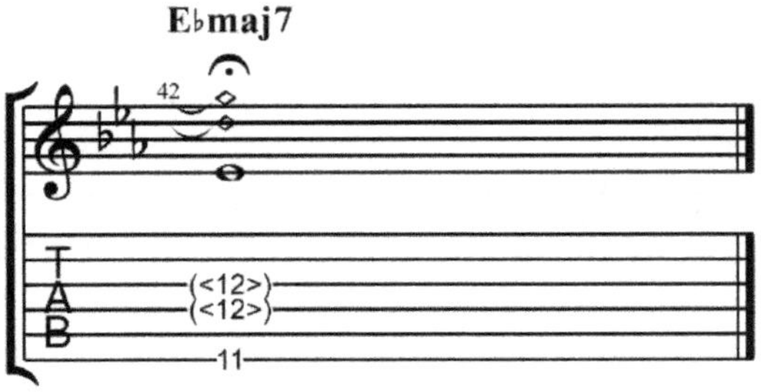
E♭maj7
42
TAB

Kapitel Zehn: Abschlussstudie (basierend auf *All the Things You Are*)

All the Things You Are ist ein beliebtes Stück auf Jam-Sessions und wird seit Jahrzehnten im Jazzunterricht als Modell für Comping und Solo verwendet.

Es ist ein weiteres Stück von Jerome Kern, enthält also seine charakteristischen harmonischen Wendungen und basiert auf dem Quintenzirkel. Es kann als ABCD-Struktur beschrieben werden. Hier sind die Changes, die die meisten Musiker spielen:

Abschnitt A:

| Fm7 | Bbm7 | Eb7 | Abmaj7 |

| Dbmaj7 | Dm7 G7 | Cmaj7 | % |

Abschnitt B:

| Cm7 | Fm7 | Bb7 | Ebmaj7 |

| Abmaj7 | Am7 D7 | Gmaj7 | % |

Abschnitt C:

| Am7 | D7 | Gmaj7 | % |

| F#m7b5 | B7b9 | Emaj7 | C7b9 |

Abschnitt D:

| Fm7 | Bbm7 | Eb7 | Abmaj7 |

| Dbmaj7 | Dbm7 | Cm7 | B°7 |

| Bbm7 | Eb7 | Abmaj7 | Gm7b5 C7b9 |

Es gibt einige Abschnitte des Arrangements, die es wert sind, genauer untersucht zu werden, bevor du das ganze Stück in Angriff nimmst. Arbeite diese Beispiele durch, und du wirst einen wesentlichen Teil des Arrangements unter deinen Fingern haben.

Beispiel 10a zeigt die Takte 13-16 des Arrangements.

In Takt dreizehn erfordert die Verzierung des Abmaj7-Akkords eine gewisse Dehnung. Greife die Bassnote auf der tiefen E-Saite mit dem ersten Finger und die Noten auf den mittleren Saiten mit dem dritten bzw. vierten Finger.

Nachdem du die Bassnote gespielt hast, springe mit dem ersten Finger auf die D-Saite, um die absteigenden Noten zu spielen und lasse den vierten Finger an seinem Platz.

In den Takten 15-16 solltest du die Verwendung der in Kapitel 1 erläuterten harmonisierten G-Dur-Akkordformen erkennen können. Es ist auch ein chromatischer Annäherungsakkord enthalten.

Beispiel 10a

Das nächste Beispiel zeigt die Takte 32-35 des Arrangements. Beachte, dass nur der Bdim-Akkord auf dem ersten Schlag des Taktes gespielt wird - jeder andere Akkord in dieser Phrase wird vorweggenommen. Hier solltest du dich darauf konzentrieren, die Linie reibungslos zu spielen. Es kann ein wenig Übung erfordern, die Einzelnoten gleichmäßig zu spielen und gleichzeitig die Akkordwechsel kurz vor dem Beat zu treffen.

Beispiel 10b

Betrachten wir nun die Takte 40-44. Es gibt mehrere Möglichkeiten, die Akkordphrase in Takt 40 zu spielen.

Ein Ansatz, bei dem die Greifhand so wenig wie möglich bewegt werden muss, besteht darin, mit dem ersten Finger die ersten vier Saiten am 3. Bund als Barré zu greifen. Bringe nun den zweiten Finger dazu, die Bassnote am 4. Bund zu greifen. Dadurch wird der vierte Finger frei, um die Noten am 5. Bund zu greifen.

Spiele die erste Triole nach der oben beschriebenen Methode, halte dann den ersten Finger am 3. Bund, spiele die Eb-Note auf der B-Saite im 4. Bund mit dem zweiten Finger und verwende den vierten Finger, um die verfügbaren Verzierungstöne zu spielen, ohne die Position zu ändern.

Verlasse die Position, um das F im 1. Bund zu spielen, und positioniere die Greifhand für die Phrase in Takt zwei neu.

Experimentiere mit der obigen Methode und schau, ob sie für dich funktioniert. Letztendlich ist das, was für dich richtig ist, das, was gut klingt und für dich relativ einfach zu spielen ist.

Beispiel 10c

Dieses Beispiel zeigt die Takte 49-52 des Arrangements.

Einer der schwierigsten Aspekte des Compings ist vielleicht die Kombination von geradem Akkordspiel mit synkopischen Linien, die Verzierungen enthalten. Wenn du einen Solisten begleitest, ist es gut, eine Strategie zu haben, was du spielen wirst und welche Ideen du einbeziehen könntest. Du musst vorausdenken und vermeiden, etwas zu spielen, das in eine Sackgasse führt, aus der du nicht mehr herauskommst!

Dieses Beispiel kombiniert einfache rhythmische Akkorde mit einem klingenden Akkord, auf den eine synkopierte, verzierte Linie folgt. Hier kommt es vor allem darauf an, gut den Takt zu halten und auf den Groove zu achten. Es nützt nichts, etwas Kompliziertes zu spielen, wenn es nicht im richtigen Takt ist. Verlangsame das Tempo und übe mit einem Metronom, bis du einen flüssigen Sound hast.

Beispiel 10d

Diese letzte Passage stammt aus den Takten 65-71 - dem letzten Abschnitt des Arrangements. Er ist hauptsächlich akkordisch, und dein Ziel ist es, dich mit einem Metronom zu verbinden und die synkopierten Akkordphrasen deutlich herauszubringen. Es muss mit Selbstvertrauen gespielt werden!

Beispiel 10e

Hier kommt nun das letzte Performance-Stück.

Gehe wie bei allen vorangegangenen Studienstücken methodisch vor, indem du dich Abschnitt für Abschnitt durcharbeitest. Wenn du feststellst, dass einige Teile schwieriger zu bewältigen sind, mache einfach langsamer und konzentriere dich zunächst auf diese Abschnitte. Lerne es bei Bedarf Akkord für Akkord, bis du flüssig durch die Changes spielen kannst. Ich hoffe, dass dir diese Comping-Ideen gefallen.

Beispiel 10f

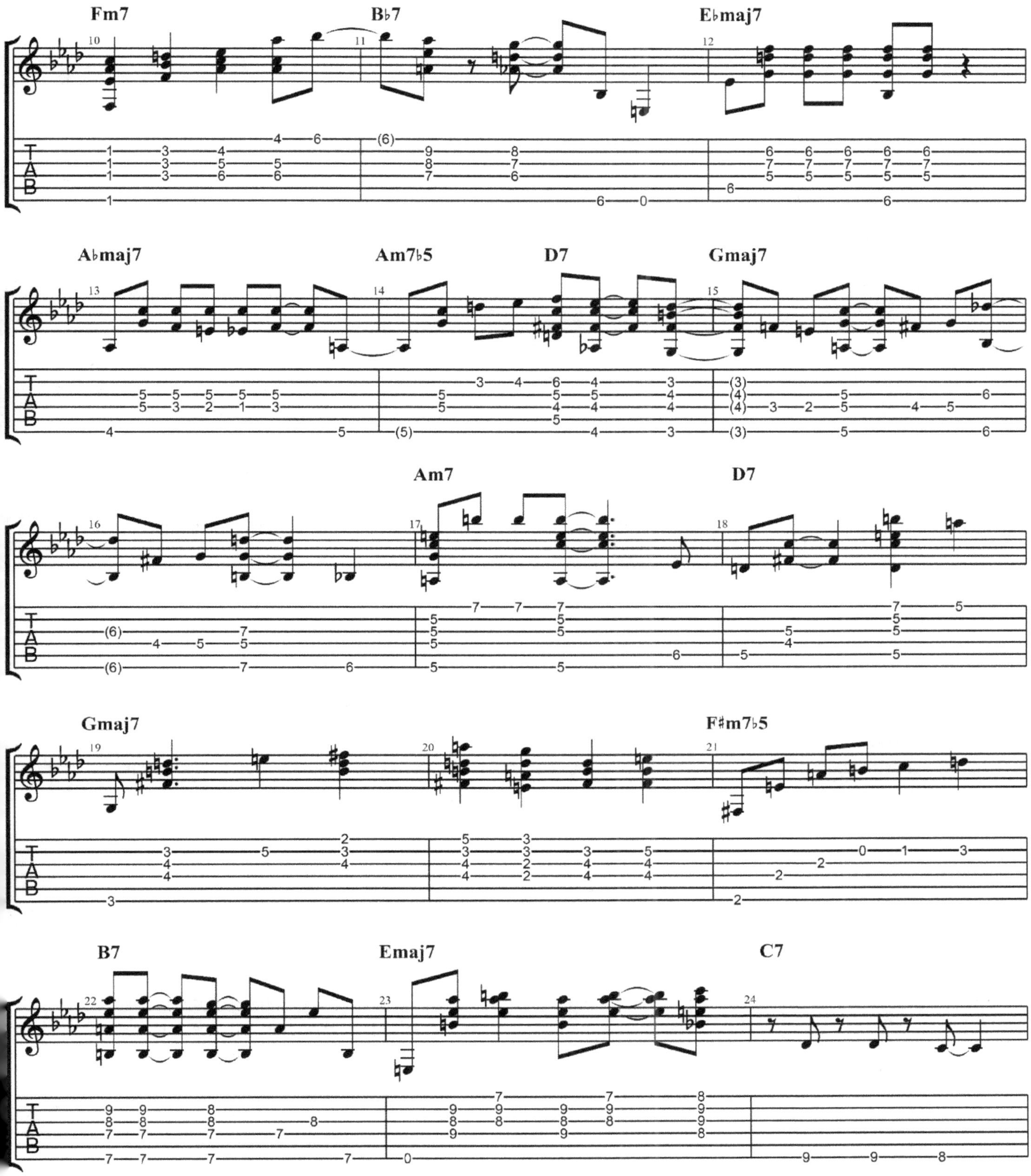
Fm7
B♭7
E♭maj7
A♭maj7
Am7♭5
D7
Gmaj7
Am7
D7
Gmaj7
F♯m7♭5
B7
Emaj7
C7

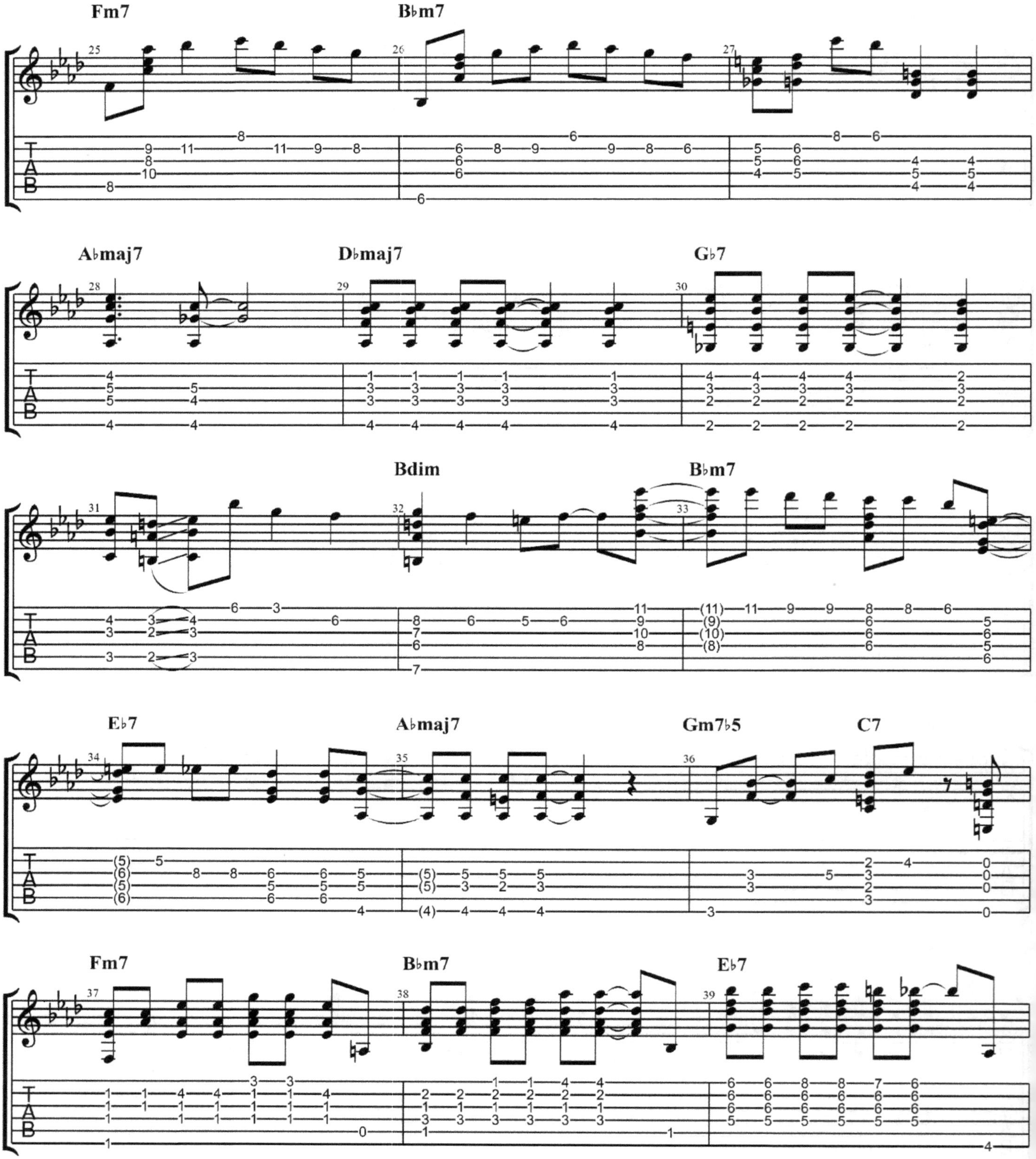
Fm7
B♭m7
A♭maj7
D♭maj7
G♭7
Bdim
B♭m7
E♭7
A♭maj7
Gm7♭5
C7
Fm7
B♭m7
E♭7

A♭maj7
D♭maj7
G7
Cmaj7
Cm7
Fm7
B♭7
E♭maj7
A♭maj7
Am7
D7
Gmaj7
let ring
Am
D7
A♭7

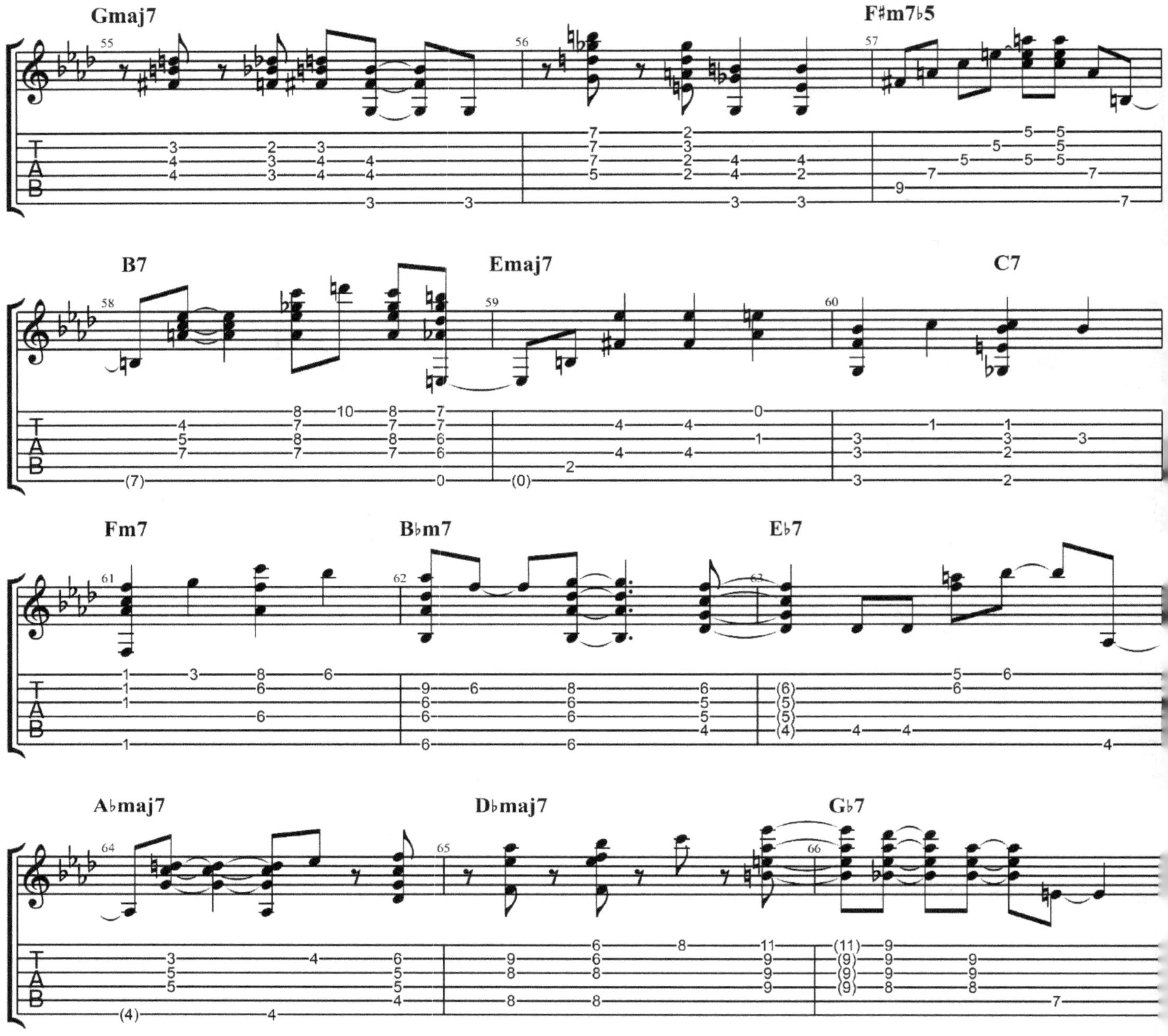
Gmaj7
F♯m7♭5
B7
Emaj7
C7
Fm7
B♭m7
E♭7
A♭maj7
D♭maj7
G♭7

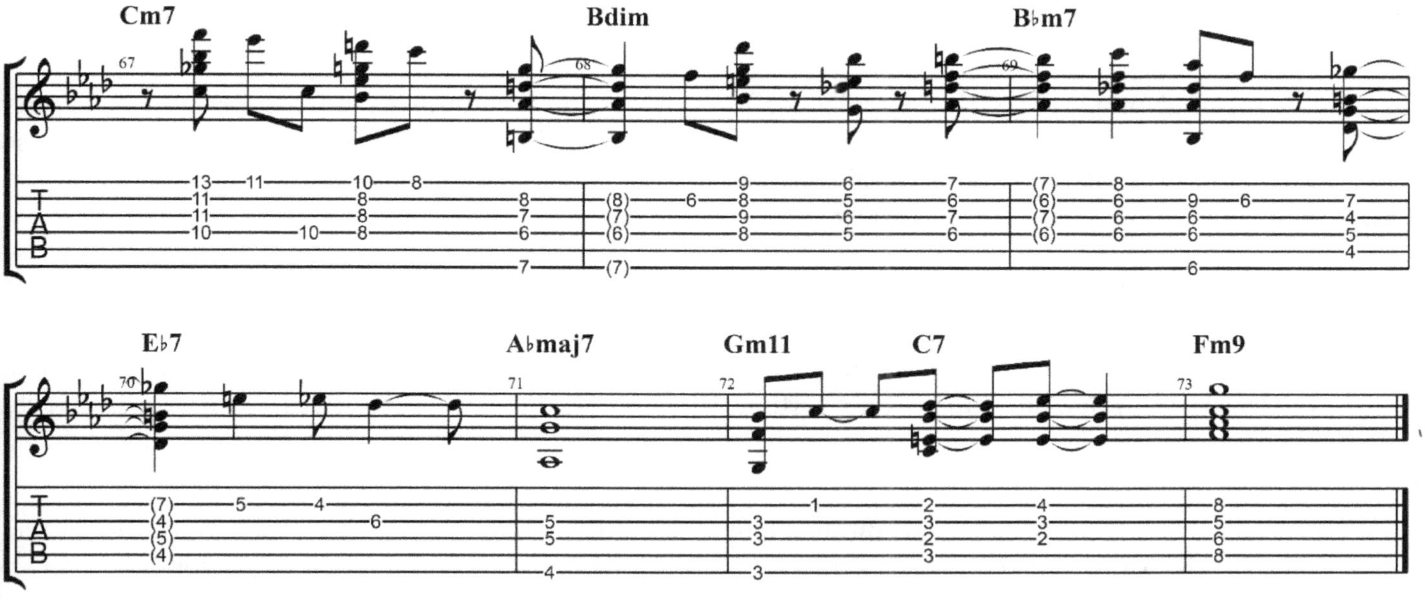
Cm7
Bdim
B♭m7
E♭7
A♭maj7
Gm11
C7
Fm9

Fazit

In diesem Buch haben wir uns viele verschiedene Ideen angesehen, die dir helfen, Comping über einige der häufigsten Akkordwechsel im Jazz zu spielen. Ich hoffe, es hat dir Spaß gemacht, meine Sichtweise auf diese Progressionen kennenzulernen und dich mit den längeren Studienstücke zu beschäftigen. Jetzt ist es an dir, einige dieser Ideen auf deine Lieblingsstücke anzuwenden.

Ich möchte dir ein paar Gedanken zu Übungsstrategien mit auf den Weg geben, mit denen du dein Comping verbessern kannst.

1. Zunächst empfehle ich dir, dich mit einem deiner Lieblingsstücke zu beschäftigen - einem Stück, dessen Akkordfolge und Melodie dir vertraut ist. Nimm dir einen Abschnitt des Stücks vor (z.B. acht Takte, oder vielleicht auch nur vier) und arbeite nur an diesem Abschnitt, um einige Comping-Ideen zu entwickeln.

2. Achte darauf, wo es Takte gibt, die nur einen Akkord enthalten. Übe mit statischen Akkorden wie diesem, Bewegung zu erzeugen, indem du andere kleine Formen aus der harmonisierten Grundtonart verwendest. Welche Verbindungsakkorde kannst du verwenden, die zum Akkord im nächsten Takt führen?

3. Als Nächstes solltest du dir überlegen, wie du dein Comping interessanter gestalten kannst, indem du für jeden Akkord mehrere Voicings verwendest.

4. Schreibe nun eine Melodielinie für diesen Teil des Songs. Halte sie recht einfach. Versuche zunächst, die Melodielinie und die Akkorde gleichzeitig zu spielen, indem du geeignete Voicings verwendest.

5. Versuche als Nächstes, die gesamte Melodie, die du geschrieben hast, mit kleinen Akkord-Voicings zu harmonisieren. Mache dir in diesem Stadium nicht zu viele Gedanken über die Qualität der Akkorde. Du kennst die Harmonie dieses Stücks bereits gut, also lass dich von deinem Gehör leiten und habe keine Angst, zu experimentieren.

6. Versuche nun, die Melodie auf dem Hals zu verschieben, um für Bewegung zu sorgen. Es kann sein, dass du die Melodie in einem bestimmten Bereich des Griffbretts gespielt hast, also spiele sie jetzt über den gesamten Bereich des Halses. Wiederhole nun den Vorgang des Harmonisierens der Melodie, so dass du eine ganz andere Art erhältst, sie zu spielen.

7. Kombiniere die beiden Ansätze und experimentiere damit. Beginne mit der Arbeit an einigen Akkordphrasen, die ein paar Noten harmonisieren, belasse andere als Einzelnoten und füge ein paar Bassnotenbewegungen hinzu.

8. Probiere so viele Ansätze wie möglich aus, bevor du zum nächsten Abschnitt des Stücks übergehst.

Übe nicht nur deine Lieblingsstücke, sondern höre dir auch einige Big-Band-Arrangements an, um zu hören, wie Meisterarrangeure wie Gil Evans passend zur Melodie kontrapunktische Phrasen geschrieben und harmonisiert haben. Wenn du eine Phrase hörst, die dir gefällt, arbeite sie auf der Gitarre als Melodielinie aus und versuche dann, sie mit Akkorden zu harmonisieren. Dein Ziel ist es, einige dieser Ideen auf die Gitarre zu bringen und sie wie ein kleines Orchester zu behandeln.

Schaue dir auch die Aufnahmen von Spielern wie Joe Pass, Ted Greene, Johnny Smith und Lenny Breau an, um einige Meister des Comping in Aktion zu hören.

Und vor allem: Viel Spaß auf deiner musikalischen Reise!

John Pisano.

www.ingramcontent.com/pod-product-compliance
Lightning Source LLC
Chambersburg PA
CBHW081435090426
42740CB00017B/3314